ALGAS

PRECEDIDO DE UM PRÓLOGO
PELO
DR. JOÃO PEREIRA DE CASTRO PINTO

Elizeu Cezar

ALGAS

PRECEDIDO DE UM PRÓLOGO

PELO

DR. JOÃO PEREIRA DE CASTRO PINTO

Organização de Elio Flores, Petrônio Domingues e Solange Rocha

TIP,LIT,ENCADERNAÇÃO E PAUTAÇÃO
DE
JAIME SEIXAS & C.

PARAÍBA
1894

Todos os direitos desta edição reservados à Malê Editora e Produtora Cultural Ltda.
Direção: Francisco Jorge & Vagner Amaro

Algas
ISBN: 978-85-92736-96-5
Edição: Vagner Amaro
Capa: Luyse Costa
Diagramação: Maristela Meneghetti
Revisão: Louise Branquinho

Texto revisado segundo o novo Acordo Ortográfico da Língua Portuguesa.
Proibida a reprodução, no todo, ou em parte, através de quaisquer meios.

Dados internacionais de catalogação na publicação (CIP)
Vagner Amaro – Bibliotecário - CRB-7/5224

> C421a   Cezar, Eliseu
>   Algas / Eliseu Cezar; organização de Elio Flores, Petrônio Domingues e Solange Rocha.
>   1. ed. — Rio de Janeiro: Malê, 2024.
>   158 p.
>
>   ISBN 978-85-92736-96-5
>
>   1. Poesia brasileira I. Título.
>   CDD B869.1

Índices para catálogo sistemático: 1. Literatura: poesia brasileira B869.1

Editora Malê
Rua Acre, 83, sala 202, Centro. Rio de Janeiro (RJ)
www.editoramale.com.br
contato@editoramale.com.br

SUMÁRIO

APRESENTAÇÃO:
ELISEU CÉSAR E A AURORA DA CIDADANIA NEGRA NO BRASIL.................11
Solange Rocha, Petrônio Domingues, Elio Flores

AS ALGAS DE ELISEU CÉSAR (Prefácio à SEGUNDA EDIÇÃO)..................33
Oswaldo de Camargo

PRÓLOGO À PRIMEIRA EDIÇÃO (1894)..................45
João Pereira de Castro Pinto

1. Um coração...................57
2. Súplica...................59
3. Uma saudade...................61
4. As esperanças...................62
5. A lágrima...................63
6. Três épocas...................65
7. Rompendo a sombra...................67
8. Ruínas...................68
9. Felicitação...................70
10. A igrejinha...................71
11. Silva Jardim...................73
12. General Barreto...................74
13. Ante uma cruz...................76
14. Saudade...................77

15. Belezas gêmeas 78
16. A ceguinha 79
17. Marly 80
18. Dois amores 81
19. Cismando 82
20. No alfaltite 83
21. Recordação 84
22. Reminiscência 86
23. Cristo 88
24. A cruz do caminho 91
25. Estrela 93
26. Soçobro 96
27. Prece 97
28. A partida 98
29. Folha íntima 104
30. Cisma 106
31. No confessionário 107
32. Lacrimae 108
33. Gotas de ouro 109
34. Desperta 111
35. Um beijo 113
36. Vendo-te 115
37. Versos a ela 117
38. Uns versos 120
39. Acróstico 121
40. A pantera 122
41. Moreninha 123
42. Loucura 125

43. Déa 126
44. Ao luar 127
45. Salve 128
46. Idealismo 129
47. Ingenuidade 132
48. Amor fiel 133
49. Não te esqueças 134
50. Na ausência 136
51. Virgem castíssima 137
52. Confissão 138
53. Mulatinha 140
54. Vinte estrofes 143
55. Os meus poemas 147
56. Versos postais 152
57. Teus beijos 154
58. No ermo 156

Eliseu César (1871-1923)

Fonte: MONTENEGRO, Augusto. *Álbum do Estado do Pará* (1901- 1909). Paris: Chaponet, 1908, p. 27.

APRESENTAÇÃO:
ELISEU CÉSAR E A AURORA DA CIDADANIA NEGRA NO BRASIL

Petrônio Domingues[1]
Solange Rocha[2]
Elio Flores[3]

> Não queiras nunca ser *branca*,
> Pois tens um olhar que arranca
> Muito doido coração:
> Tens d'esse olhar nas scentelhas
> A doçura das abelhas
> E as garras do gavião [...]
>
> Eliseu César, *Algas*, 1894, p. 127.

Quem foi Eliseu César? Um sujeito que foi visto pelo *O Paiz*, em matéria publicada em 9 de junho de 1926, como o "sucessor autêntico e racial de José do Patrocínio",[4] quando não chamado de "o preto magnífico".[5] Quem era aquela figura que, de acordo com a *Gazeta de Notícias*, desfrutava de "grande" popularidade na cidade do

---

[1] Doutor em História pela Universidade de São Paulo (USP), professor associado da Universidade Federal de Sergipe (UFS). pjdomingues@yahoo.com.br
[2] Doutora em História pela Universidade Federal de Pernambuco (UFPE) e professora associada da Universidade Federal da Paraíba (UFPB). banto20@gmail.com
[3] Doutor em História pela Universidade Federal Fluminense (UFF), professor titular da Universidade Federal da Paraíba (UFPB). eliochavesflores@gmail.com
[4] "Autores e livros". O Paiz. Rio de Janeiro, 09/06/1926, p. 1. José do Patrocínio (1854-1905) foi um jornalista, escritor e político afro-brasileiro, nascido no Rio de Janeiro, que se destacou como liderança abolicionista, polemista e grande orador.
[5] "Política do Distrito". *O Paiz*. Rio de Janeiro, 28/12/1923, p. 4.

Rio de Janeiro?[6] E cujo falecimento despertou a atenção de alguns dos principais veículos de comunicação da Capital da República? A finalidade deste ensaio é reconstituir fragmentos da trajetória de vida de Eliseu César, privilegiando seu itinerário na esfera pública. A pretensão aqui é começar a tecer os fios da história de um "homem de cor" que, embora procedente de uma família que remontava à época do cativeiro, passou pela experiência de mobilidade social e reconhecimento cultural, vivendo de forma pungente os desafios, os impasses e as encruzilhadas relacionadas à afirmação da cidadania negra no período pós-abolição.

Eliseu Elias César veio à luz no ocaso da Monarquia e viveu, intensamente, nas primeiras décadas da República. Embora não tenha conseguido se desvencilhar da "metafísica da raça", ele se projetou na esfera pública a partir sobretudo de duas dimensões de sua experiência: a escrita e a retórica. Tratou-se de um intelectual afro-diaspórico, que se deslocou e circulou por várias regiões brasileiras, vivendo as ambiguidades relativas à "modernidade e dupla consciência" (GILROY, 2003, p. 10).

Nascido em 1871 na Cidade da Parahyba, nome da então capital da Paraíba, ele viveu seus primeiros anos numa sociedade escravista, embora não tivesse vínculos diretos com o cativeiro. A partir da análise de seu registro de batismo, podemos identificar algumas características relacionadas às suas origens raciais e sociais:

> Aos dezessete de dezembro de 1871, nesta parochial Igreja de Nossa Senhora das Neves, baptizei solenemente o párvulo *Elizeô, pardo*, com cinco mezes de idade, filho natural de Maria Joaquina de Freitas,

---

6 "A morte do brilhante jornalista e advogado". Gazeta de Notícias. Rio de Janeiro, 28/01/1923, p. 3.

solteira, moradora nesta freguesia, sendo padrinhos o Capitão Caetano Daniel de Carvalho e sua mulher Dona Silvana Augusta Pessoa de Carvalho, todos moradores desta freguesia..."[7] Grifos nossos.

A mãe de *Elizeô*, Maria Joaquina de Freitas, não era escravizada, pois, se o fosse, constaria esta informação no registro de batismo. *Elizeô*, assim, fazia parte de uma gama de mulheres, crianças e homens negros livres ou libertos nos anos de 1870, quando o sistema escravista brasileiro passou a enfrentar uma crise cada vez mais crescente. De acordo com o Censo de 1872, a população nacional era formada por 9.930.478 habitantes, sendo 15,2% de sujeitos escravizados. Destes, 3.331.654 eram "pardos" e 919.674 "pretos". Quanto às pessoas livres ou libertas, 50,5% eram negras. A população branca era formada por 3.781.110 habitantes e a "cabocla" 387.234 (PAIVA, 2012, p. 20).

Considerando o registro de batismo, podemos observar que *Elizeô* era um bebê de cor parda e filho natural de uma mulher solteira, tendo sido estabelecido um parentesco espiritual com pessoas que, pela patente e título, detinham alguma posse e prestígio social. Já o pai *Elizeô* era um homem branco. A referência à sua cor foi confirmada após análise do registro de batismo de seu genitor, Dulcídio Augusto Cézar.[8] Uma vez que *Elizeô* foi classificado como "pardo", podemos inferir que sua mãe era uma mulher negra, talvez de pele retinta, a considerar a cor do adulto Eliseu. Acerca de seus

---

7 O assento de batismo de Eliseu encontra-se no Livro de Batismo VII (1871-1875), da freguesia de Nossa Senhora das Neves (capital da Paraíba), folha 47-frente, no Arquivo Eclesiástico da Arquidiocese da Paraíba/AEAPB.
8 O assento da cerimônia de batismo de Dulcídio está disponível no Livro III de Batismo da Freguesia de Nossa Senhora das Neves (1850-57), folha 40, AEAPB.

ascendentes paternos, avô e avó (Christiano de Fojos Correia Cézar e Vicência Ferreira de Albuquerque),[9] há registros que eles apadrinharam várias crianças na década de 1830 até fim dos anos de 1850, estabelecendo uma significativa rede de sociabilidade com pessoas de diferentes grupos étnico-raciais e sociais.[10]

Como terá sido a infância e a juventude de Eliseu? Quando criança, ele esteve sob os cuidados de sua família paterna, especialmente de sua avó, Vicência Ferreira de Albuquerque, que o encaminhou à escola e ensinou-lhe religião (NÓBREGA, 1955, p. 281 e BARROS, 2017). Cedo começou a trabalhar como tipógrafo, num ambiente de aprendizes e artífices, embebidos de tipos móveis, provas e impressões. Mais tarde, tornou-se "praticante dos Correios" e estudante de Direito na Faculdade de Direito em Recife (1895-1898). Nesse ínterim, procurou se inserir no mundo das letras. Aos dezesseis anos estreou como poeta, a partir da escrita em vários jornais da Parahyba do Norte. Seus versos foram publicados em pelo menos sete desses jornais: *Sorriso* (1886-1887), *Arauto Parahybano* (1888), *O Cisne* (1889), *O Estado* (1889/1890), *O Parahybano*, (1892), *O Artista* (1895) e *O Estado do Parahyba* (1891-1894), onde também desempenhou a função de colaborador. Eliseu publicou cerca de 58 poemas nos periódicos e folhetins paraibanos.

O jovem afro-paraibano desde cedo se engajou nas lutas políticas e sociais de sua época. No sexto ano da Abolição, no dia 13 de maio de 1894, por exemplo, num domingo ensolarado, ele participou dos festejos cívicos e militares em torno da data abolicionista. Fez discurso na solenidade que se realizou nas

---

9 Acerca de três gerações da família César, consultar Santos (2019).
10 Os assentos batismais das crianças apadrinhadas por Christiano de Fojos Correia Cezar, avô de Eliseu César, estão nos seguintes livros de batismo: I-1833-41, folhas 115, 120, 136, 143 e 181; III-1850/57, folhas 62 e 113 e IV-1857-63, folha 31, todos no AEAPB.

dependências do Teatro Santa Rosa (na Paraíba). Subiu ao palco depois das 12 horas como um cidadão republicano. O dístico básico de sua oratória foi tentar "mostrar que a liberdade era grandiosa não só pelo princípio da humanidade, como também pela igualdade das classes perante a lei e a sociedade" (*A Ordem*, Ano I, 19/05/1894). Eliseu sobraçou o regime republicano, instalado em 1889. Mais ainda: depositou esperanças de que a nova forma de governo pudesse garantir conquistas no campo dos direitos e da cidadania, além de promover uma renovação política na nação (DOMINGUES, 2014). Com tal expectativa, foi em 1892 um dos fundadores do *Club Cardoso Vieira* – uma associação cívico-literária de orientação republicana –, onde fez parte da diretoria, ocupando o cargo de orador (ROCHA, 2015).

Em 1894, Eliseu publicou a sua primeira obra literária e atribuiu-lhe o título *Algas*, hoje livro raro nos acervos brasileiros. A obra já abordava temáticas raciais, a exemplo do poema "Não queira nunca ser branca", que consta na epígrafe deste texto, no qual podemos notar que o foco narrativo girava em torno do reconhecimento da beleza estética da "bella mulatinha", a personagem central, em detrimento da mulher branca. O poeta Eliseu valorizava a pertença étnica, para não dizer a identidade racial da protagonista do verso, e destacava a beleza da sua cor, ou seja, a beleza da mulher afro-brasileira. O livro tem um total de 146 páginas. Suas poesias podem ser tipificadas em quatro dimensões: a lírica (amor, mulher, paisagem); social (profissão, sofrimento, religião); política (drama, acontecimento, sujeitos); e racial (moreninha, mulatinha, tranças) (FLORES; ROCHA; DOMINGUES, 2019).[11]

---

[11] Uma análise sobre o livro *Algas*, foi realizada por Flores; Rocha; Domingues (2019).

Depois do lançamento do livro *Algas*, que movimentou a capital paraibana, Eliseu se transferiu para o Recife (PE), a fim de cursar a Faculdade de Direito. A partir dali, levou uma vida de deslocamentos, diaspórica. Quando se aproximava do término do curso superior, tornou-se promotor público na cidade de Vitória do Espírito Santo. Após a conclusão do curso, em 1898, estabeleceu-se em Belém do Pará, onde se dedicou à advocacia e exerceu funções políticas junto ao grupo de Antônio Lemos (1843-1913), um poderoso político republicano, que foi senador e administrador da capital paraense. Por quase uma década, Eliseu vivenciou as palpitantes contendas políticas da *Belle* Époque amazônica, defendendo os princípios republicanos, como símbolo do germinar de um novo tempo, de alargamento de direitos e cidadania. Ali assumiu secretaria de governo e mandato no legislativo estadual (1904-1908), sem falar que atuou como jornalista, vinculado a algumas das principais folhas da época, travando batalhas em prol da consolidação do sistema republicano em terras nortistas (DOMINGUES, 2014).

Foto 1: Eliseu César

Fonte: MONTENEGRO, Augusto.
Álbum do Estado do Pará (1901-1909). Paris: Chaponet, 1908, p. 27.

****

Em 1911, Eliseu César se mudou para o Rio de Janeiro, a então capital federal e epicentro da vida política nacional. A cidade reunia o que havia de mais pujante no setor industrial, comercial, financeiro e na rede de serviços e lazer, sem contar que abrigava uma efervescente vida social e cultural, inspirando comportamentos e tendências estéticas. Além disso, recebia um fluxo contínuo de imigrantes europeus – em sua maioria oriundos das regiões mais pobres da Espanha, Itália e principalmente Portugal – e migrantes oriundos do interior e de outros estados, sobretudo do Nordeste, o então "Norte" do Brasil.

  Para viver nesta cidade, Eliseu se estabeleceu em São Cristóvão, um bairro suburbano da atual Zona Norte.[12] Seu primeiro emprego foi como redator do *Jornal do Brasil*, um matutino fundado em 1891, que se arvorou na *urbe* como caixa de ressonância da "voz do povo". Valendo-se ao longo dos anos com colaboradores de prestígio, como Joaquim Nabuco, Rui Barbosa e José Veríssimo, o jornal vangloriava-se de ser, em 1900, o de maior tiragem da América do Sul e, possuir, em 1916, o maior parque gráfico da imprensa brasileira (LOPES, 2006).

Diante das incertezas e privações da vida modesta ligada às lides jornalísticas no Rio de Janeiro, Eliseu resolveu aceitar o convite para exercer o cargo de redator-chefe *d'A Tribuna*, o mais importante jornal de Santos. Mudou-se para a cidade do litoral paulista.[13] Sua

---

12 "Várias notícias". *Jornal do Commercio*. Rio de Janeiro, 21/02/1912, p. 4; "De Recife para o Rio". *Correio da Manhã*. Rio de Janeiro, 18/02/1918, p. 5.
13 "Passageiros entrados. Santos". *Correio Paulistano*. São Paulo, 11/02/1914, p. 7.

passagem por lá, entretanto, foi efêmera.[14] Regressou à capital federal, onde voltou a militar na imprensa.

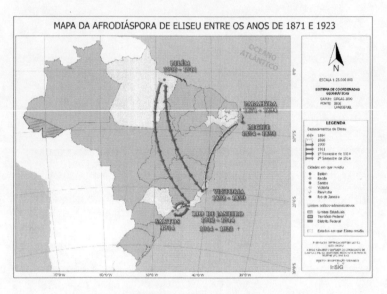

FONTE: Elaboração de **Jefferson Sant'ana Galvão** (Geógrafo, 2017).

As necessidades da família dissuadiram-no de não continuar tão somente "perdendo tempo naqueles trabalhos, sem remuneração vantajosa, nem futuro. Assim, a vida do fórum seduziu-o pela segunda vez" e ele passou a atuar, também, como advogado.[15] Eliseu abriu um escritório de advocacia no centro da cidade. Especializando-se no Direito Penal, assumiu alguns casos de repercussão e participou de vários julgamentos no Tribunal do Júri, destacando-se pela oratória e capacidade de, a favor de seus

---

14 Eis o que o *Correio Paulistano* noticiou: "Santos, 5 – Deixou hoje a redação da "Tribuna" o sr. Eliseu César. Informam-nos que este jornalista assim procedeu por não ser solidário com a atual orientação política daquela folha". *Correio Paulistano*. São Paulo, 06/06/1914, p. 4. Ver também "Dr. Elyseu Cesar". *A Gazeta*. São Paulo, 05/06/1914, p. 8.
15 "O falecimento do Dr. Elyseu Cesar". *Gazeta de Notícias*. Rio de Janeiro, 03/02/1923, p. 4.

constituintes, mobilizar a emoção no tribunal. Paralelamente às atividades profissionais, Eliseu participou de várias associações da sociedade civil – notadamente do Centro Republicano Popular –, encampando ações coletivas e desenvolvendo algumas atividades de caráter social, cívico, político e cultural.

No chamado movimento associativo, Eliseu assumiu posição diretiva, presidindo eventualmente em algumas instituições as assembleias dos associados ou mesmo fazendo o que mais o distinguia: discursar nos eventos públicos.[16] Aliás, foi como orador, cujo verbo teria a "vibração encantadora dos privilegiados da palavra falada",[17] que Eliseu se destacou no movimento associativo. No Rio de Janeiro ele participou ativamente da vida pública, discursando em *meetings*, sessões cívicas e "manifestações sociais",[18] razão pela qual sua fama de tribuno popular veio à tona e aos poucos se espraiou pelos cantos e recantos da cidade. Não por acaso o vespertino *O Paiz* o qualificou como o "sucessor autêntico e racial de [José do] Patrocínio",[19] e o padre Olympio de Castro o classificou como o "Rui Barbosa negro".[20]

Eliseu aderiu particularmente ao associativismo negro, tornando-se membro proeminente da Federação dos Homens de Cor (FHC) – uma sociedade beneficente cuja finalidade principal era trabalhar pelo desenvolvimento moral, cultural, político e social dos afro-brasileiros –, fundada em São Paulo em 1909, mas que se transferiu para o Rio de Janeiro uma década mais tarde.

---

16 "Cousas da política". *Jornal do Brasil*. Rio de Janeiro, 30/01/1921, p. 4.
17 "Notas e notícias". *Gazeta de Notícias*. Rio de Janeiro, 17/10/1922, p. 1.
18 "Manifestações". *O Paiz*. Rio de Janeiro, 26/08/1921, p. 5.
19 "Autores e livros". *O Paiz*. Rio de Janeiro, 09/06/1926, p. 1.
20 "10º. Manifesto do Centro da Federação dos Homens de Cor às classes proletárias". *O Paiz*. Rio de Janeiro, 25/01/1924, p. 4.

A FHC foi, em certa medida, uma resposta às práticas do "preconceito de cor" que afligiam a população negra cotidianamente, sob a forma de barreiras, relações hierárquicas e estigmas no espaço público, que se manifestavam na sátira jornalística, nas suspeições policiais, no acesso à justiça, postos de trabalho, escolas, clubes, hotéis, bares, restaurantes.[21] Eliseu foi alvo dessas manifestações de "preconceito de cor" em vários momentos. Comenta-se que, ao ingressar na Faculdade de Direito, "fora motivo de chacota e trotes impiedosos porque era negro" (ALONSO, 1976, p. 76). Guimarães Barreto (1962, p. 100) relata que ele foi recebido pelo "povo" do Recife, na primeira vez em que falou em evento público na cidade, com palavreados e expressões hostis ("macaco falante", "imagem de pixe", "cala a boca, negro!").

No Rio de Janeiro, Eliseu César continuou sendo atacado de maneira discriminatória – às vezes explícita, às vezes implícita e ironicamente –, pelo viés do escárnio. Um exemplo disso foi estampado na revista ilustrada e humorística *O Malho*, que em determinada edição de 1918 fez troça de sua condição de "negro alto espadaúdo", associando-o a um símio no aumentativo.[22] A coleção de dissabores relacionada à condição racial não deixou Eliseu melindrado ou com sentimento de impotência. Pelo contrário, isso provavelmente o motivou a enfronhar-se na FHC, associação para qual colaborou com o trabalho de valorização da população negra: lá ministrou palestras, prestou assistência jurídica e mesmo assumiu o posto de orador oficial.

---

21 Sobre preconceito racial no Brasil, consultar Bomilcar (1916), Ribeiro (1995), Dávila (2006), Almeida; Silva (2013) e Benedicto (2019).
22 "Vida elegante". *O Malho*. Rio de Janeiro, 09/03/1918, p. 23. Para outras pilhérias que giravam em torno da cor de Eliseu César, ver "Eleições". *O Malho*. Rio de Janeiro, 05/03/1921, p. 13; *O Malho*. Rio de Janeiro, 23/04/1921, p. 26 e *A Maçã*. Rio de Janeiro, 07/09/1922, p. 26.

Eliseu transitava no meio associativista, articulando de maneira intersecional um ativismo social, político e cívico, que desfraldava a bandeira do republicanismo popular alicerçado numa plataforma nacionalista, em defesa dos direitos e da igualdade de todos os indivíduos perante a lei, como ainda defendia a inserção do negro à comunidade nacional. Com o tempo, ele conseguiu conquistar prestígio e reconhecimento público na capital federal, com o seu nome e o dos entes familiares inclusive sendo veiculados nas colunas sociais dos jornais.[23]

A imprensa carioca anuncia o lançamento do jornal 7 *Horas* de Eliseu César e Raul Pederneiras. A caricatura representa Eliseu

FONTE: *O Imparcial*, Rio de Janeiro, 10 de novembro de 1914.

---

23 "Notas sociais". *Jornal do Brasil*. Rio de Janeiro, 01/08/1921, p. 6; "Notas sociais". *Correio da Manhã*. Rio de Janeiro, 07/08/1921, p. 5; "Notas sociais". *Jornal do Brasil*. Rio de Janeiro, 02/06/1922, p. 21.

Na medida em que se tornou uma figura pública no Rio de Janeiro, Eliseu retomou suas pretensões políticas, lançando-se candidato em duas eleições. A primeira foi ao cargo de deputado federal pelo então Distrito Federal, sem, contudo, vincular-se a alguma agremiação partidária. É que a legislação eleitoral da época, com vistas a garantir o direito de representação das ditas "minorias", permitia o uso desse expediente (PINTO, 2011). Mesmo derrotado, numa outra ocasião se candidatou à vaga de intendente municipal – cargo correspondente aos dias de hoje ao de vereador/a – nas eleições de 29 de outubro de 1922. Também não conseguiu ter êxito. Suas desventuras políticas na capital carioca, talvez, tenham se dado por não dispor de uma sólida rede de sociabilidade (relações de amizade, compadrio, poder e clientela) que permitisse concretizar seus novos projetos de vida, que passavam por atuar no parlamento federal ou no legislativo municipal. Derrotas, para não dizer desilusões, que podem ter contribuído para o seu falecimento, ocorrido nos últimos dias de janeiro de 1923, "subitamente", como vítima de lesão cardíaca.[24]

Eliseu César levou uma vida de deslocamentos, errante, diaspórica, entrelaçando fluxos, trocas e agenciamentos de ideias, expectativas e experiências movediças, descontínuas, intervalares e multidirecionais. Mesmo tendo a epiderme escura e vivendo sob a égide do racismo, fosse o "científico" ou "popular", que estigmatizava os indivíduos de seu grupo racial com a pecha de inferior, ele não

---

24 Notícia no periódico *A Rua*, rio de Janeiro, 27 de Janeiro de 1923 – "Morreu hoje, o dr. Elyseu Cezar". O falecimento de Eliseu César foi bastante noticiado nos jornais brasileiros e repercutiu nas décadas seguintes. Na sua terra natal, em 1935, se rememorava a sua trajetória e o seu desaparecimento físico (LEITE, 1935).

esmoreceu e se reinventou a cada contexto, de maneira fluida e descentrada (BORGES, 1993; SCHWARCZ, 1993; SALIBA, 2002).

A palavra verbalizada e a escrita constituiriam uma forma de Eliseu se expressar ao longo da vida, servindo especialmente para ele se afirmar em meio ao processo de racialização e às incertezas da sociedade brasileira no decurso do pós-abolição e da consolidação da República (ALBUQUERQUE, 2009; MONSMA, 2016 e ABREU, 2017). Podemos notar suas marcas (e legados) em fragmentos de suas vivências e, mesmo após o seu falecimento, em 1955, seus conterrâneos o "imortalizaram", tornando-o patrono de uma cadeira na Academia Paraibana de Letras (NÓBREGA, 1955).

Convém ressaltar que Eliseu não foi o único afro-brasileiro que conquistou visibilidade no período. Conforme a historiografia recente tem mostrado, outras figuras desse segmento populacional, com atuação ativa na Primeira República – um período de reordenamento social, de reconfigurações das hierarquias raciais e de debates entre projetos de nação –, também pugnaram e se destacaram na cena política e cultural, a exemplo dos baianos Manuel Querino (LEAL, 2009) e Alfredo Casemiro da Rocha (NOGUEIRA, 1992; WOODARD, 2014), do maranhense Hemetério dos Santos (MÜLLER, 2008), do pernambucano Monteiro Lopes (DANTAS, 2010; DOMINGUES, 2013), do gaúcho Aurélio Viríssimo de Bittencourt (MOREIRA, 2011), do mineiro Benjamim de Oliveira (SILVA, 2007), dos cariocas Evaristo de Moraes (MENDONÇA, 2007), Eduardo das Neves (ABREU, 2010) e Lima Barreto (SCHWARCZ, 2017), dentre outros afro-brasileiros que debateram e disputaram os diferentes projetos de política, cultura e identidade nacional; foram em vida reconhecidos, mas, após a morte, aos poucos caíram na galeria do preterimento, do ostracismo, da subestimação ou simplesmente jazeram nos desvãos da memória.

Seja como for, a biografia de Eliseu César permite vislumbrar as complexidades, tensões e ambivalências que intercruzam determinados períodos históricos e a ação dos indivíduos em contraposição aos sistemas normativos e opressores. Os códigos que circulavam no "mundo letrado" foram apropriados por Eliseu não só para ascender social e culturalmente, expor suas ideias, obter reconhecimento, demandar debates e embates, mas também para vocalizar suas aspirações de um Brasil republicano, com mudanças sociais e políticas, e conquistas na arena dos direitos e cidadania das pessoas negras (DOMINGUES, 2014).

Quando colocamos o percurso de Eliseu em tela, depreendemos aspectos do protagonismo negro de um sujeito que, embora tenha sofrido na pele, literalmente, os achaques típicos das relações de dominação e dos estigmas do cativeiro, não se curvou perante às adversidades da vida. Pelo contrário, afirmou-se (ou tentou se afirmar) de maneira proativa a partir da (auto)determinação, inteligência e capacidade de ler, negociar e incidir sobre o jogo social, cultural e político de seu tempo, sinalizando como a experiência afro-diaspórica é plástica, sinuosa e multifacetada. Por certo, tal narrativa biográfica nos coloca em contato com um "passado que se faz presente" e instiga a refletir em torno das lutas sociais e raciais contemporâneas.

Por fim, gostaríamos de mencionar pessoas e instituições que,

de uma maneira ou de outra, possibilitaram a presente edição de *Algas*, em 2023, ano do centenário de falecimento de Eliseu César.
- Nadígila da Silva Camilo – Gerente executiva da Biblioteca da Fundação Casa José Américo de Almeida, que notificou a existência do exemplar da primeira edição de *Algas*, na Biblioteca de Obras Raras Átila Almeida da UEPB/Campina Grande/PB.
- Germana Guimarães Gomes – Mestra em História e pesquisadora, pela digitalização do livro *Algas* na Biblioteca de Obras Raras Átila Almeida, da Universidade Estadual da Paraíba em Campina Grande/PB.
- Alyne C. Cruz Rezende – Estagiária do Núcleo de Estudos e Pesquisas Afro-brasileiros e Indígenas (NEABI/UFPB), pela digitação do livro original *Algas* para o projeto de republicação da obra poética de Eliseu César.
- Jefferson Sant'ana Galvão – Geógrafo, pela elaboração do Mapa (2017), publicado na presente edição, sobre a trajetória afrodiaspórica de Eliseu César.
- Luysiane da Silva Costa – Historiadora e designer, pela elaboração e arte da capa da presente edição.
- Núcleo de Estudos e Pesquisas Afro-brasileiros e Indígenas (NEABI/UFPB) – Lócus de projetos, pesquisas, publicações e debates antirracistas na Paraíba que viabilizou a presente publicação, tendo como organizadores Elio Flores e Solange Rocha.
- Programa de Pós-Graduação em Sociologia da Universidade Federal de Sergipe (PPGS/UFS), que aportou recursos para a republicação de *Algas*, com a mediação de Petrônio Domingues,

professor permanente do Programa e, também, organizador da presente edição.

- Programa de Pós-Graduação em História da Universidade Federal da Paraíba (PPGH/UFPB), pelas parcerias em eventos e pesquisas do NEABI/UFPB.

- Conselho Nacional de Desenvolvimento Científico e Tecnológico/CNPq, por bolsas de estudos, via editais de pesquisa, que permitiram a nós, organizadores da presente edição, construir a trajetória afro-diaspórica de Eliseu César.

- Editora Malê – Especializada em publicações de autorias negras, pela sensibilidade editorial em aceitar a nossa proposta para a reedição da obra de Eliseu César.

REFERÊNCIAS

ABREU, Martha Abreu. *Da senzala ao palco*: canções escravas e racismo nas Américas, 1870-1930. Campinas: Ed. Unicamp, 2017.

ABREU, Martha. O 'crioulo Dudu': participação política e identidade negra nas histórias de um músico cantor (1890-1920). *Topoi*, v. 11, n. 20 (2010), p. 92-113.

ALBUQUERQUE. Wlamyra R. *O jogo da dissimulação:* abolição e cidadania negra no Brasil, São Paulo: Companhia das Letras, 2009.

ALMEIDA, Silvia Capanema; SILVA, Rogério Sousa Silva. Do (in)visível ao risível: o negro e a 'raça nacional' na criação caricatural da Primeira República. *Estudos Históricos*, v. 26, n. 52 (2013), p. 316-345.

ALONSO, Martins. *Ao longo do caminho*: memórias. Rio de Janeiro: José Olympio, 1976.

BARRETO, Guimarães. *Excursão pelo reino das trovas*. Rio de Janeiro: Irmãos Pongetti, 1962.

BARROS, Surya A. Pombo de Barros. *Universo letrado, educação e população negra na Parahyba do Norte (século XIX)*. Tese de Doutorado, Universdade de São Paulo, 2017.

BENEDICTO, Maria Margarete dos Santos. *"Quaquaraquaquá quem riu?* A representação humorística sobre os negros e a questão do branqueamento: da *Belle Époque* aos anos 1920 no Rio de Janeiro. Tese de Doutorado, Universidade de São Paulo, 2019.

BOMILCAR, Álvaro. *O preconceito de raça no Brasil*, Rio de Janeiro: Tip. Aurora, 1916.

BORGES, Dain. 'Puffy, ugly, slothful, and inert': degeneration in brazilian social thought, 1880-1940", *Journal of Latin American Studies*, v. 25, n. 2, 1993, p. 235-256.

CUTI, Luiz Silva. *A consciência do impacto nas obras de Cruz e Sousa e de Lima Barreto*. Belo Horizonte: Autêntica Editora, 2009.

DANTAS, Carolina Vianna. Monteiro Lopes (1867-1910): um líder da raça negra na capital da República. *Afro-Ásia*, n. 41, 2010, p. 167-209.

DÁVILA, Jerry. *Diploma da brancura: política social e racial no Brasil (1917-1945)*, São Paulo: Editora Unesp, 2006.

DOMINGUES, Petrônio. "Esta "magnânima volição": a Federação dos Homens de Cor"". *História*, v. 37, 2018, p. 1-29.

DOMINGUES, Petrônio. Cidadania levada a sério: os republicanos de cor no Brasil. In: GOMES, Flávio; DOMINGUES, Petrônio (Org.). *Políticas da*

Raça: experiências e legados da abolição e da pós-emancipação no Brasil. São Paulo: Selo Negro, 2014, p. 121-154.

DOMINGUES, Petrônio Domingues. "Vai ficar tudo preto": Monteiro Lopes e a cor na política. In: GOMES, Flávio; DOMINGUES, Petrônio (Orgs.). *Da nitidez e invisibilidade:* legados do pós-emancipação no Brasil. Belo Horizonte: Fino Traço, 2013, p. 127-156.

FLORES, Elio C.; ROCHA, Solange P.; DOMINGUES, Petrônio. Eliseu César e as "Algas" de um poeta negro. *Revista Prâksis*, Novo Hamburgo, n. 1, jan./abr., p. 169-185, 2019.

GILROY, Paul. *O Atlântico negro*: modernidade e dupla consciência. Tradução Cid Knipel Moreira, São Paulo, Rio de Janeiro: Editora 34, UCAM/CEAA, 2001.

LEAL, Maria das Graças de Andrade Leal. *Manuel Querino entre letras e lutas - Bahia:* 1851-1923. São Paulo: Annablume, 2009.

LEITE, Ascendino Leite, O pardo Elyseu Cesar. *Anuário da PB.* JP: Imprensa Oficial, 1935.

LOPES, Antonio Herculano Lopes. Do monarquismo ao "populismo": o *Jornal do Brasil* na virada do século XX. In: MOREL, Marco Morel *et all.* (Orgs.). *História da imprensa:* representações culturais e práticas de poder. Rio de Janeiro: DP&A, 2006, p. 332-345.

MONSMA, Karl. *A reprodução do racismo*: fazendeiros, negros e imigrantes no oeste paulista, 1880-1914. São Carlos, SP: EdUFSCar, 2016.

MOREIRA, Paulo Roberto S. Aurélio Viríssimo de Bittencourt: burocracia, política e devoção. In: GOMES, Flávio; DOMINGUES, Petrônio (Orgs.). *Experiências da emancipação:* biografia, instituições e movimentos sociais no pós-abolição (1890-1980). São Paulo: Selo Negro, 2011, p. 83-107.

MÜLLER, Maria Lúcia Rodrigues. *A cor da escola:* imagens da Primeira República, Cuiabá, MT: Ed. da UFMT; Entrelinhas, 2008.

NÓBREGA, Seráphico. Discurso de Posse na Academia Paraibana de Letras. *Revista Academia Paraibana de Letras.* João Pessoa, n. 6, 1955, p. 275-302.

NOGUEIRA, Oracy. *Negro político, político negro:* a vida do doutor Alfredo Casemiro da Rocha, parlamentar da "República Velha". São Paulo: Edusp, 1992.

PAIVA, Clotilde et al. *Publicação crítica do Recenseamento Geral do Império do Brasil de 1872.* Belo Horizonte: Cedeplar/UFMG, 2012.

PINTO, Surama Conde Sá Pinto. *Só para iniciados... O jogo político na antiga Capital Federal.* Rio de Janeiro: Mauad, 2011.

RIBEIRO, Carlos Antonio Costa. *Cor e criminalidade:* estudo e análise da justiça no Rio de Janeiro (1900-1930), Rio de Janeiro: Ed. UFRJ, 1995.

ROCHA, Solange. População, compadrio e trajetórias de gente negra na Cidade da Paraíba Oitocentista. *Saeculum*: Revista de História (UFPB), v. 33, jul./dez., p. 183-199, 2015.

ROCHA, Solange; DOMINGUES, Petrônio; FLORES, Elio. As artes e os ofícios de um letrado afro-diaspórico: Eliseu César (1871-1923). In: *Afro-Ásia,* 60, UFBA, 2019, p. 105-147.

SANTOS, Julio César P. dos. *"Preto no Branco":* a trajetória do paraibano Elyseu Elias César no Pós-abolição". Dissertação de Mestrado, Universidade Federal de Pernambuco, 2019.

SCHWARCZ, Lilia M. *Lima Barreto*: triste visionário. São Paulo: Companhia das Letras, 2017.

SCHWARCZ, Lilia M., *O espetáculo das raças*: cientistas, instituições e questão racial no Brasil, São Paulo: Companhia das Letras, 1993.

MENDONÇA, Joseli. *Evaristo de Moraes, tribuno da República.* Campinas: Ed. da Unicamp. 2007.

SILVA, Erminia. *Circo-teatro*: *Benjamim de Oliveira e a teatralidade circense no Brasil.* São Paulo: Altana, 2007.

SILVA, Laura dos Santos. 'O negro nunca foi estúpido, fraco, imoral ou ladrão': Hemetério José dos Santos, identidade negra e as questões raciais no pós-Abolição carioca (1888-1920). In: ABREU, Martha *et all.* (Orgs.). *Cultura negra.* Niterói: Ed. da UFF, 2018, p. 266-296.

THOMÉ, Elias Thomé Saliba. *Raízes do riso.* A representação humorística na história brasileira: da *Belle Époque* aos primeiros tempos do rádio. São Paulo: Companhia das Letras, 2002, p. 112-124.

WOODARD James. Negro político, sociedade branca: Alfredo Casemiro da Rocha como exceção e estudo de caso (São Paulo, décadas de 1880 a 1930). In: GOMES, Flávio; DOMINGUES, Petrônio (Orgs.). *Políticas de Raça:* experiências e legados da abolição e da pós-emancipação no Brasil. São Paulo: Selo Negro, 2014, p. 231-261.

Parahyba na época da escrita de *Algas* (1888-1894)

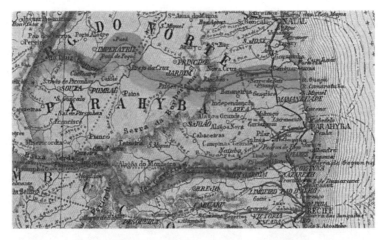

FONTE: Fragmento [Parahyba] da *Carta da Republica dos Estados Unidos do Brazil*, de 1892. Mapa. Recuperado da Biblioteca do Congresso, <www.loc.gov/item/2001620473/>.

AS ALGAS DE ELISEU CÉSAR

Oswaldo de Camargo
Jornalista e Escritor

Não tenho a mínima intenção de apresentar um prefácio para *Algas*, livro de poesias do jovem Eliseu César, nome absolutamente desconhecido para mim até há poucos meses e sem abrigo nos manuais de literatura mais correntes do País, com exceção talvez do Estado em que ele nasceu: Paraíba. Sou ignorante da vida literária atual neste Estado e a do século em que Eliseu veio ao mundo, o XIX.

Os dados que me serviram para situar Eliseu no seu tempo devo-os a Solange Rocha, Petrônio Domingues e Elio Flores, doutores em História, cujo competente estudo "As artes e os ofícios de um letrado afro-diaspórico: Eliseu César (1871-1923)" foi publicado em *Afro-Ásia*, 60 (2019, p. 105-147).

Confesso dificuldade para adentrar nesse território poético para mim tão estranho e que faz lembrar a máxima latina *Ne sutor supra crepidam*, atribuída ao pintor Apeles, do século IV antes de Cristo. Para quem já esqueceu o seu latim, cato a tradução no *Dicionário Universal de Citações Nova Fronteira*, do erudito Paulo Rónai: "Não suba o sapateiro acima da sandália". Apeles teria admoestado com este dito famoso o sapateiro que ao olhar um quadro seu, depois de criticar a pintura das sandálias passou a criticar outros pormenores.

A admoestação antiga me adverte, mas não me impede, por teimosia, a tentativa de imitar o sapateiro, com todos os riscos.

A procura de ler corretamente os versos de Eliseu, a busca de fruição estética diante deles e o ideal entendimento de como seria a ressonância de seus versos no seu tempo, na sua Cidade da Parahyba de aproximadamente 30 mil habitantes, com 50% classificados como "pardos" e "pretos", e a seis anos de ser uma capital do norte no século XX, com um número imenso de expectativas para o "povão" paraibano, a maioria, diríamos hoje, classificada como "negro", tudo isso vejo como oportunidade de acréscimo ao pouco que sei sobre o negro intelectual logo após a abolição de 1888, que – obsessão nossa e de muitos negros neste país – foi, no dizer do poeta preto Carlos de Assumpção, "um cavalo de Troia", amedrontador e difícil de ser desmontado.

Creio que todo candidato a escritor negro sairá enriquecido ao se aproximar dessa experiência única, na província da Paraíba, de um negro que publicou trechos seletos de seu mundo social e cultural naquele século de quase nula luminosidade para o elemento afro-brasileiro.

O estudo de Rocha, Domingues e Flores, em suas 43 páginas, felizmente já nos apresentou o perfil do personagem, que era uma "figura de grande relevo, quer na imprensa, quer nos meios jurídicos e, ainda, nos meios políticos", como se lê na publicação *A Rua*, de 27/01/ 1923, quando noticiou o falecimento de Eliseu César.

Outro diário, *A Noite*, também salientou que o passamento de Eliseu César foi recebido pela população carioca com perplexidade. "Por ocasião de baixar o ataúde ao túmulo fizeram-se ouvir vários oradores, que realçaram as qualidades de Eliseu César como homem de trabalho, como chefe de família e como amigo". A imprensa registrou a presença de familiares, populares, representantes da Associação do Foro; estudantes, rábulas e advogados (como Evaristo de Moraes, João da Costa Pinto e José Anísio), jornalistas (como Raul Pederneiras, Silvino Rolim e Oscar de Carvalho), militares (como o tenente Elídio Moura, o capitão José Joaquim Osório e o coronel Euzébio Martins Rocha) (...), um representante do ministro da Justiça (major Carlos Reis), um ministro do Supremo Tribunal Federal (Germiniano da França), entre outras autoridades públicas.

Entre os telegramas de condolências recebidos pela viúva destacam-se, publicados: "Ao querido Eliseu, último adeus de Benedito e família"; "Saudades dos seus amigos da Inspetoria de Investigação". Vê-se que Eliseu, nos meios sociais e políticos, é um negro notável no Rio de Janeiro dos primeiros decênios pós-República.

Verificamos, no entanto, o não comparecimento ou a falta de registro de gente ligada às letras, à vida literária. Raul Pederneiras, mencionado na imprensa, aparece tão só como jornalista, a despeito de ser nome bastante conhecido como poeta e caricaturista. Mário de Alencar, filho de José de Alencar, um ano mais jovem que Eliseu e que em 1888 havia publicado o livro de poesias *Lágrimas* (primeiros versos), se estivesse presente e sido mencionado daria sem dúvida enorme aval para reconhecimento ao poeta de *Algas*, muito por ser autor do bem realizado soneto *O Africano*, que, de algum modo, tem algo a ver com esse negro que foi visto pelo jornal *O Pais* como o "sucessor autêntico e racial de (José do) Patrocínio", quando não chamado de "o preto magnífico", e que foi definido pelo padre Olympio de Castro -- capelão da Igreja de Nossa

Senhora do Rosário e São Benedito dos Homens Pretos -- como o "Rui Barbosa negro ".

O leitor que quiser avançar – e vale a pena – no conhecimento de quem foi esse Eliseu César, um negro de exceção num Brasil em tempo de escravatura, relho e inteiro comando branco e, após, nos anos pós-República, sobretudo na Parahyba, obrigue-se a fazer a leitura do número nos referidos autores e autora do campo da historiografia.

No que diz respeito à finalidade precípua deste prólogo, que é uma breve olhada no livro *Algas* do jovem negro Eliseu César, publicado em 1894, na cidade da Parahyba (atual João Pessoa), pelo que consideramos acima conclui-se que em 1923, com 52 anos, o Eliseu poeta findou de existir, praticamente não deixando rastro. Nem se avente o caso de sua pouca idade – 23 anos – na época do aparecimento do seu livro. Se há exercício de arte no Brasil em que não raras vezes, mesmo com obra única, o autor permanece e deita raízes, é a Poesia. Basta lembrar os casos conhecidíssimos de Álvares de Azevedo, com sua *Lira dos vinte anos,* Casemiro de Abreu e seu livro *Primaveras* e, mais cronologicamente perto de Eliseu, o de Moacir de Almeida (Rio de Janeiro, 1902, na mesma cidade falecido em 1925), cuja obra *Gritos Bárbaros,* publicada póstuma, dois anos após *Algas,* colocou o poeta como patrono na Academia Carioca de Letras da cadeira n° 40.

Eliseu César, paraibano em um país que não conseguiu nunca solução para seu insucesso no trato da igualdade racial, escolheu suas armas de batalhar para ser "gente". E foi "gente ", muito além do que se poderia esperar.

Ser poeta, mostrar-se poeta, com todo o prestígio que se

alcançava no tempo em que o Romantismo e o Parnasianismo formavam os bons autores do verso e da prosa (veja-se Machado de Assis, Olavo Bilac, Alberto de Oliveira), a nosso ver não o entusiasmou para essa escolha ou acréscimo. A data de seu falecimento no Rio de Janeiro, com todos os comentários a respeito, leva a pensar nisso.

******

O texto para *Algas*, do dr. João Pereira de Castro Pinto, "precedidas de um prólogo", se lido com o pensamento de hoje, só subverte a leitura do livro. Mas não estamos em 1894, ano da publicação da longa coletânea de Eliseu César, nem estamos na "Parahyba" e, por mais curiosidade tenhamos, informações que situem o livro na cidade, rua, livraria ou espaço outro em que foi lançado serão nulas. Nada saberemos da vida literária que cercou *Algas*. Resta-nos o nome Tipografia, Litogravura, Encadernação e Pautação de Jayme Seixas & Cia., que as deu a lume.

O prólogo do dr. Castro Pinto acima mencionado traz, encimando suas considerações, um graúdo "Em vez de prologo", deixando o leitor sem saber o que ele pretende. É prólogo ou não?

Mas, para além dessa indagação desimportante, algo é válido: registra-se uma avaliação de como foi lido *Algas*, sob a visão de um intelectual conhecido e influente na Paraíba da época. Castro Pinto alinha nomes e considerações de alguns conhecedores de estética do verso, que afirmam que "as faculdades estéticas da humanidade vão declinando e invocam, como exemplo mais eloquente, o prestígio cada vez menor do verso, a estatura decrescente dos últimos poetas, entre os quais nem um apresenta a envergadura de

Shakespeare ou de Dante, de Goethe ou de Byron -- Victor Hugo seria o último busto desta galeria de titãs da frase metrificada". Mas ameniza, como repensando sua citação: "Deixemos de parte a opinião dos que profetizam o aniquilamento das nossas energias artísticas".

Não comentamos no início deste texto, de propósito, a cor racial de Eliseu, para melhor se avaliar o sentido desta afirmação de Castro Pinto: "Todo o aplauso é pouco à abnegação dos brasileiros genuínos que se dedicam por este quadrante da arte; porque ao repetir em nossa história o fato de uma raça absorvida até ao aniquilamento pelo conflito de novas raças advindas com mais seguros meios de luta, fica ao menos, como um padrão, a fecunda obra de nossos poetas salvando-nos do esquecimento, no futuro deste país, que é hoje nosso (...). Eliseu César, com este concurso, presta o maior serviço que se pode exigir a tal respeito – documentar pela arte, que não morre, a passagem do atual brasileiro pelo continente. (...) A lira de Eliseu César é uma das mais brilhantes promessas que conheço nas letras brasileiras. Eliseu forja todos os seus versos incomparáveis com a única matéria-prima de sua inspiração, desajudada quase inteiramente de leitura".

Transparece aí, continua o autor, "a sua idiossincrasia de mestiço, como a de Gonçalves Dias, Natividade Saldanha, Gonçalves Crespo, Tobias Barreto, essa modalidade singularíssima que só conhece de perto quem teve o prazer de privar com José do Patrocínio ou André Rebouças, duas grandes almas messianicamente inspiradas (...)".

******

Imagino o lançamento de *Algas*, no dia 21 de julho, aniversário de Eliseu. Em que horário? Provavelmente a partir das 18 horas, na mesma rua da tipografia de Jaime Seixas, dono da Tipografia, Litografia, Encadernação e Pautação de onde nasceu materialmente o livro. Seixas, entusiasmado e vaidoso, ofereceu, como colaboração, algumas garrafas com capilé para servir aos convidados. Na fachada da Livraria Sapiência, uma faixa foi colocada em que letras bem graúdas saudavam: "Parabéns, Eliseu. Felicidades!" Iniciativa de alguns companheiros dos Correios, onde o Poeta, em 1891, fora nomeado praticante. A notícia foi publicada no jornal *O Estado da Parahyba*, nestes termos: "Foi nomeado praticante dos Correios deste Estado o mavioso poeta Eliseu César, distinto colaborador da parte poética desta folha".

Vê-se que Eliseu é, desde cedo, reconhecido como poeta, colabora em jornais, destaca-se, evidentemente com bastante realce para o fato de ser negro.

A presença dos Correios para a elaboração poética de Eliseu foi tamanha que um dos subtítulos de *Algas* é exatamente *Versos Postais*, em que se leem estes: "Teu rostinho é como a carta/ de envelope cor de rosa,/ onde o carinho de um beijo/ eu pouso, mulher formosa (...) Enfim, tu és meu cuidado,/ o coração do meu seio,/ etiqueta, lacre, carta,/ porque pertenço ao correio".

******

E convidados ou gente interessada em versos que soube do acontecimento raro na cidade chegam. Entre eles, um dos primeiros a entrar é o Dr. Thomaz Mindelo, a quem Eliseu dedicou os versos de Marly; depois, o já sexagenário José Rodrigues, companheiro de Eliseu no seu tempo de tipógrafo, honrado com a poesia Três épocas, a nosso ver, como leitor de hoje, uma das criações mais bem realizadas do livro.

Algo absurdo em livros de poesias de nosso tempo e que não se notava na poesia lírica praticada abundantemente no romantismo do País antes da publicação de *Algas*, é a dedicatória a um homem com texto que, pelo conteúdo, seria claramente a uma personagem feminina. Entre os vários exemplos espalhados em *Algas* está o que se encontra na poesia Moreninha, dedicada a Eutiquiano Barreto:

(...) Adoro teu pé formoso,/ tua trança negra e pura,/ a delicada cintura/, o brilho do teu olhar, / a noite do teu cabelo,/ que aromas do céu exala. / Adoro-te a meiga fala/ e o encanto do teu andar! (...).

Algo inconcebível na literatura lírica atual...

Transcorreu animada a reunião para apresentar *Algas*.

A certo momento, o dr. Castro Pinto, após abraçar calorosamente Eliseu, pediu licença para ler um trecho do seu "prólogo".

Tinha muito prestígio.

Pardo, formado em Direito pela Faculdade de Recife e atuante também na vida política da Paraíba, oferecia àquela reunião o aval para um acontecimento que poderia ser registrado como algo muito importante para a vida cultural na futura João Pessoa, diga-se, em toda a Paraíba.

Leu, a espaços confiando tão só em sua memória: "A lira de Eliseu César é uma das mais brilhantes promessas que conheço nas letras brasileiras. Eliseu forja todos os seus versos incomparáveis com a única matéria-prima de sua imaginação, desajudada quase inteiramente de leitura. (...) A maior parte das produções adiante paginadas, (...) pode figurar, pelo esmalte do estilo, pelo original das imagens, pelo encanto da harmonia, nas colunas que tão hospitaleiramente a *Gazeta de Notícias* tem franqueado aos bons poetas da geração nova".

Entre os que compareceram se encontravam alguns mulatos, quase pretos, companheiros do tempo em que Eliseu começou a trabalhar como tipógrafo, antes de ascender a "praticante dos Correios".

Arriscando-me a um equívoco, afirmo que essa função de tipógrafo foi essencial para o estro de Eliseu. A tipografia foi decisiva para a seara vocabular de *Algas*. O seu "delírio" no uso dos adjetivos deve-se à prática de tipógrafo. É possível que muitos viram nesse uso por vezes estranho e até um tanto canhestro de adjetivos a sua originalidade. Ou o seu mais visível defeito.

Para corroborar com nossa afirmação sobre a importância da tipografia para o rumo da poesia de Eliseu, lembro observação encontrada no estudo *As artes e os ofícios de um negro letrado afro-diaspórico: Eliseu César (1871-1923)*, dos três autores já neste texto citados: "Ser tipógrafo requeria um aprendizado dos mestres do ofício, que facilitava o contato com as palavras e com as leituras das provas tipográficas. Os tipos móveis, com os quais se iniciava o processo tipográfico, permitiam aos aprendizes a sedução pelas ideias e argumentos quando iam para a prensa a vincarem palavras e frases nos papéis previamente formatados para pasquins e edições literárias".

Agora, "delírio" de quem alinha estas ideias: entre todas as palavras de que Eliseu se enamorou, lá pelos seus 15 anos, quando iniciava o seu mister de aprendiz de tipógrafo, de todas elas, repito, *Algas* foi a que apaixonou o jovem, que já revelava seus inequívocos dons de poeta e que já no início dava razão ao dito de Joaquim Nabuco: "Sem a imaginação de que adianta a inteligência?".

Finalizo este texto com alguns versos de um poeta negro que vai nascer em Socorro (SP), em 1897, quando Eliseu está com 26 anos.

Têm o mesmo colorido poético de Mulatinha, que aparece nas páginas de *Algas*. Lino Guedes teria lido esta produção de Eliseu César?

Aqui, Ditinha:

> Penso que talvez ignores,/ singela e meiga Ditinha,/ que desta localidade / és a mais bela pretinha,/ se não fosse profanar-te,/ chamar-te ia ... francesinha!
> Então, quando vais à reza/ com teu vestido de cassa,/ não há mesmo quem não fale, / orgulho de minha raça: /– Olha que preta bonita,/ e que andar cheio de graça!...
> Se às vezes sorrio, a esmo, / não me tomes por caduco,/ com teu vulto nos meus olhos,/ ando como aquele turco / que, doloroso destino, / ao te ver ficou maluco...
> (GUEDES, 1927, p. 15).

Aqui, Mulatinha:

> Vejo-te a um canto amuada/ bem como a cor desbotada/ pelo calor do verão... / Minha bela

mulatinha,/ que aguda mágoa espezinha/ teu ridente coração?
Caso a cor do teu rosto / é que produz o desgosto / que assim te faz padecer?/ Ah! tu nem sabes florinha,/ que essa cor de mulatinha/ faz a gente enlouquecer!
Ao longe a valsa delira.../ Dengosa a sinhá suspira,/ entre as luzes do salão,/ mostrando os dentes formosos/ nuns sorrisos mentirosos/ que nunca excitam paixão!
Entretanto, oh! minha bela,/ não és a brilhante estrela/ do salão encantador,/ mas se abres um sorriso,/ ai Jesus! – é o paraíso/ dos gozos todos do amor!
Não queiras nunca ser branca,/ pois tens um olhar que arranca/ muito doido coração:/ tem desse olhar nas centelhas / a doçura das abelhas/ e as garras do gavião (...) (CÉSAR, 1894, p. 127).

Reiterando:

Eliseu César nasceu na Cidade da Parahyba (João Pessoa desde 1930), então capital de uma das províncias do norte, em 21 de julho de 1871.

Poeta negro único, quando a cidade tinha 29.598 residentes, dos quais mais de 50% eram classificados como "pardos" e "pretos".

REFERÊNCIAS (dos organizadores)

CAMARGO, Oswaldo. *Lino Guedes: seu tempo e seu perfil*. São Paulo: Ciclo Contínuo Editorial, 2016.

_____ *O Negro Escrito:* apontamentos sobre a presença do negro na Literatura Brasileira. São Paulo: Secretaria de Estado da Cultura / IMESP, 1987.

CÉSAR, Eliseu. *Algas.* Parahyba: Tipografia Jayme Seixas, 1894.

DOMINGUES, Petrônio. Lino Guedes: de filho de ex-escravo à "elite de cor". In: *Afro-Ásia,* 41, UFBA, 2010, p. 133-166.

FERREIRA, Lígia Fonseca. Entrevista com Oswaldo de Camargo. In: *Via Atlântica,* n.º 18, dez, 2010, p. 102-120.

GOMES, Flávio; LAURIANO, Jaime; SCHWARCZ, Lília; (Orgs.). *Enciclopédia negra*: biografias afro-brasileiras. São Paulo: Companhia das Letras, 2018, [Verbete: Elyseu Elias César], p. 176-177.

GUEDES, Lino. *O canto do cisne preto.* São Paulo: Typographie Aurea, 1927.

SANTOS, Julio César Pereira dos. "PRETO NO BRANCO": a trajetória do paraibano Elyseu Elias César no pós-abolição brasileiro (1871-1923). Recife: UFPE/PPGH, 2019. [Dissertação de Mestrado].

ROCHA, Solange; DOMINGUES, Petrônio; FLORES, Elio. As artes e os ofícios de um letrado afro-diaspórico: Eliseu César (1871-1923). In: *Afro-Ásia,* 60, UFBA, 2019, p. 105-147.

_____ Eliseu César e as *Algas* de um poeta negro. In: *Revista Prâksis,* 16 (1). Novo Hamburgo: Feevale, jan/abr, 2019, p. 169-185.

EM VEZ DE PRÓLOGO

No campo largo das teorias, com que se procura dar a razão de todos os fenômenos sociais, o que se diz sobre a arte e, especialmente, sobre a poesia é a escala inteira de todas as opiniões, desde o mais frio pessimismo à mais risonha e lisonjeira confiança.

Entre os muitos votos a respeito, notemos o daqueles que pensam, sob o patrocínio de rigorosas considerações, que as faculdades estéticas da humanidade vão declinando e invocam, como exemplo mais eloquente, o prestígio cada vez menor do verso, a estatura decrescente dos últimos poetas, dentre os quais nenhum apresenta a envergadura de Shakespeare ou de Dante, de Goethe ou de Byron. Victor Hugo seria o último busto dessa galeria de titãs da frase metrificada.

Estou a subscrever este juízo no tocante à poesia em sentido restrito. Supondo mesmo que a arte de Virgílio não preencha mais as nobres funções que a estesia humana lhe incumbia até pouco tempo e que de agora em diante começa para ela um terra-a-terra de modestas exibições. Pairando na esfera dos pequenos poemas avulsos, fragmentários, pergunto se essa feição da arte, ligeira e boêmia, não terá uma justificativa tão plena como a épica das eras passadas no seu papel de corretivo e de *pendant* indispensável à nossa atividade prática e à nossa atividade especulativa.

Deixemos de parte a opinião dos que profetizam o aniquilamento das nossas energias artísticas. Por um lado, ocorre que, dado o crescente desequilíbrio nervoso das classes dirigentes, de algumas das quais está a cargo o sacerdócio do pensamento coletivo. Tendo a arte o seu ponto de apoio mais firme nesse mesmo desequilíbrio, como demonstra a psicologia moderna, consubstanciada em suas recentes conquistas na monumental obra de Lombroso, *O homem de gênio*, a sua evolução, em vez de diminuir gradativamente, é, por estes séculos ao menos, uma verdadeira progressão.

Por outro lado, a lei da conservação das energias, tão fecundamente desenvolvida por Spencer, especialmente, embora sofra modificações variadíssimas no decurso da vida humana, não dá lugar às apreensões inquietantes neste sentido.

A arte, como a religião, parece ser a companheira eterna da indústria e da ciência.

Taine escreve: "Não é justo afirmar que em nossos dias a arte definha. A verdade é que certas escolas estão mortas e não podem mais renascer: algumas declinam, porque o futuro em que nós vamos entrar não lhes fornece o alimento de que precisam. Mas a arte mesma, que é a faculdade de aperceber e de exprimir o caráter dominante das cousas, viverá com a civilização, da qual é ela a melhor obra, como é também o seu primogênito".

E como um dos meios disponíveis para se afirmar, a arte, com o seu arsenal completo desde os primeiros tempos históricos, não sabe hoje substituir o verso. É bem provável que não seja desprezado o ritmo na frase inspirada, mesmo porque certas modalidades da ideação só podem corresponder a esse recurso de expressão.

A antiga poesia, mais hierática, por estar mais próxima dos deuses, assimila-se a uma condição mais humana. E, ainda, à feição da época.

As cruzadas não teriam mais um cantor em Tasso. E os Vasco

da Gama perderiam o latim se fossem descobrir umas outras Índias só pelo prazer ideal de fornecer assunto a um novo Camões.

O estudo meticuloso das paixões humanas tocará, no terreno da arte, o romance, e não o teatro shakespeareano; e a indústria moderna tem bastante hulha e aço para se furtar a influência das rimas. Passaram, como tipos de ensaio, as escolas da poesia científica, social e positivista, dentre outras. Assim como as escolas essencialmente individuais de Leconte de Lisle e de Baudelaire.

O que fica? O simbolismo, com todas as suas aberrações?

Se este fosse um verdadeiro ciclo da poesia, seria o caso de se acreditar no seu próximo desaparecimento. A musa dos bordeis e dos hospitais seria a última das musas. Mas não tomemos um desvio acidental pelo rumo definitivo, mesmo quando o vigor aparenta-nos a ramificação mais do que o próprio tronco.

O decadentismo, com as suas nuances, é a neurastenia dos *boulevards* e dos *faubourgs*, acobertado em estrofes impossíveis, de estilo torturado até a mania. A busca de excentricidade resvalou em um ridículo sem exemplo.

Por mais *filoneístas* que sejamos, é difícil aderir a tamanhas extravagâncias do gosto. Fica, porém, o lirismo inesgotável dos temperamentos de eleição. Os eternos assuntos do amor, as mil impressões de uma paisagem e as múltiplas disposições de espírito fornecerão ao gênio plasticizante dos sublimes vaníloquos da estrofe um infinito de motivos, cada um mais encantador.

Seria uma verdadeira decepção para a humanidade do século vinte e tantos não poder ouvir de um contemporâneo o que, sobre tantas e tão lindas coisas, nós temos dito e ainda dizemos.

Reinará o *bibelol* na poética.

Pouco importa.

Um pedacinho de tela nos faz, às vezes, esquecer os frescos de Buonarroti. E as exigências do gosto satisfazem-se apenas com as grandes produções? Não há nada além da estatuaria, da pintura, da música, outras províncias da arte?

A poesia será, na mais pessimista das hipóteses, que não queiram sair da lógica, uma obra de lavranteria. E o valor dos poetas não diminuirá por aprimorarem umas sextilhas ou cinzelarem salomonicamente umas estrofes, com mais método ou mais liberdade.

———

Falemos do meio brasileiro.

Talvez por deficiência de critério, eu penso que na arte nacional, abstração feita da poesia lírica, não há pretexto para orgulho nosso. A obra de José de Alencar é uma tentativa hercúlea, mas uma simples tentativa; e a de Aluízio Azevedo é um pastiche, embora feita com talento e felicidade.

Não falemos no resto, que seria estarmos a quinhão com os rudes adjetivos saraivados contra a isenção de quem ama um pouquinho menos a Platão do que a verdade. O cunho genuinamente brasileiro só pode nos oferecer aquele gênero de literatura.

Assim tinha de acontecer, em virtude das nossas condições mesológicas e étnicas, a fusão de duas raças tropicais com uma raça meridional da Europa sob a ação empolgante do nosso céu de fogo.

A afirmativa de Buckle, diversas vezes falada, tem, como todas as supostas leis históricas ultimamente erigidas em tantos princípios quanto em escolas do século, alguma coisa de verdadeiro: o homem aqui é mais escravo do ambiente físico; e como nessa situação o sentimento se desenvolve às custas do raciocínio e da vontade, a arte, no que ela tem de mais espontâneo e menos sujeito à disciplina, no que ela extrai das funções cerebrais mais passivas, exubera às custas das manifestações mais conscientes e autônomas.

Todos conhecem a pródiga veia dos nossos *cantadores*, admiráveis no improviso, que é uma fluência singular de quadras, em tom dolente, nessa tonalidade caraterística que é uma resultante da nostalgia do africano com as saudades do colono, somadas à tristeza do indígena vencido.

Essa grande vegetação criptogâmica do lirismo brasileiro, tão vasta que daria em uma coleção completa, volumes e volumes de magníficos espécimes, precede tipos de maior vulto, que vamos encontrar nessa plêiade brilhante de versejadores que nos enchem quase toda a história literária. E é só aí que está, penso eu, a verdadeira arte nacional, digna de menção.

Os nossos pintores e músicos são estrangeiros, e uns laivos que se notam de nativismo. Estes não dão aos trabalhos efetuados a fisionomia brasileira que deveriam, sobretudo, procurar em suas produções.

E, entre parênteses, para não me taxarem de míope na questão vertente, devo observar que uma ópera como *O Guarani*, já por ter o libreto em língua diferente, já porque repisa um tema falho e esgotado como ponto de vista estreito na compreensão de nossa etnologia, não assinala progresso íntimo nas artes pátrias. Quanto à pintura, basta dizer que, por antipatia à fraternidade americana, como por ser muito convencional e controvertido quanto à realidade histórica dos episódios, o assunto das telas de Pedro Américo referentes ao Paraguai afirmam unicamente as altas aptidões do pintor, sem que por isso se tenha feito coisa alguma pela pintura essencialmente brasileira. O *Grito do Ipiranga* é uma apoteose de cores feita a uma simples figura de retórica dos nossos compêndios de história; e a *Primeira missa do Brasil*, de Vitor Meireles, quase que não escapa à sentença.

O artista é o interprete dos sentimentos de seu meio no tempo em que ele floresce. *"L'artiste, le poéte vivent surtout de l avie du milieu ou ils se troutenl placés"*, como muito bem diz Eugéne Veron.

Qual a estátua, o quadro, a composição musical de algum valor, onde o sentir do nosso povo se manifeste? Ele se manifesta, é pujante, soberbo e glorioso na nossa poesia lírica, na qual mesmo uma censurável convergência quase unânime de vocações não poderá pelo abuso secar a fonte. Antes, pelo contrário, devemos recear a desnacionalização inteira de nossos resultados nesse terreno pela iminência do cosmopolitismo, que nos vai trazendo a imigração.

Todo o aplauso é pouco à abnegação dos brasileiros genuínos que se orientam por esse quadrante da arte. Porque, ao repetir-se em nossa história o fato de uma raça absorvida até ao aniquilamento pelo conflito de novas raças advindas com mais seguros meios de luta, fica aí ao menos, como um padrão, a fecunda obra dos nossos poetas, salvando-nos do esquecimento, no futuro deste país, que é hoje nosso.

Eliseu Cezar, com este concurso, presta o maior serviço que se pode exigir a tal respeito: documentar pela arte, que não morre, a passagem do atual brasileiro pelo continente.

Quando dos mais curiosos investigadores não houver um que se tente a ler tanta pachouchada e baboseira espalhadas nos anais do parlamento ou na imprensa periódica, a propósito das nugas de nossa artificial vida partidária, as magníficas inefáveis das coisas antigas, selecionadas pelo merecimento real, salvas do convencional e da banalidade. E nós viveremos, então, junto aos pósteros, à vida subjetiva dessas mesmas rimas em que o poeta vive e sente pelo seu meio.

———

A lira de Eliseu Cezar é uma das mais brilhantes promessas que conheço nas letras brasileiras. Eliseu forja todos os seus versos incomparáveis com a única matéria-prima de sua imaginação, desajudada quase inteiramente de leitura.

O paradigma de suas produções ele encontra antes na natureza ambiente, povoada de forma animista pelo seu estro soberanamente criador do que em um ou outro livro de versos que lhe venha às mãos.

A sua preocupação mais constante é essa observação da forma, esse requinte da plástica na palavra, em que o nervosismo de hoje delineia a geometria feérica dos cristais de neve. O seu capricho é dar o cambiar mágico de todas as transparências e de todas as refrações à emoção que sonambuliza na lírica hodierna de belezas impalpáveis de valquírias.

A sua idiossincrasia de mestiço, como a de Gonçalves Dias, Natividade Saldanha, Gonçalves Crespo, Tobias Barreto, essa modalidade singularíssima de temperamento, que só conhece de perto quem teve o prazer de privar com José do Patrocínio ou André Rebouças, duas grandes almas messianicamente inspiradas, servidas pelo gênio culminante, revê em seus versos, em uma extraordinária vibratilidade, em que o trabalho de expressão parece chegar ao ponto de ir contra todas as modificações mais íntimas de seu sistema nervoso.

De todos os que, neste Estado, tentaram vencer o gelo polar do indiferentismo no que se refere à vida de inteligência, ninguém pôde acentuar, pelos seus esforços, uma individualidade tão nítida como Cezar. Ele conseguiu levar o seu nome ao resto do país, o que, deste ângulo escuso, é um sucesso significativo.

E esse nome a que se prende um futuro tão brilhante teria muito mais eco se, em vez de poetar pela Paraíba, o autor deste livro estivesse colaborando em um dos nossos órgãos de grande circulação. A maior parte das produções adiante paginadas podem, mesmo com seus pequenos defeitos, figurar, pelo esmalte do estilo, pelo original das imagens, pelo encanto da harmonia, nas colunas que tão hospitaleiramente a *Gazeta de Notícias* tem franqueado aos bons poetas da geração nova.

A crítica severa de um competente, na posse de dados completos, colocaria muito deste volume das *Algas* na *polyanthéa*, em que se pretendesse sintetizar o resultado geral de nossas faculdades poéticas nesse último decênio.

Todo este livro, hoje oferecido ao público, é uma joia de métrica, apaixonadamente facetada por um apuro fidalgo de contorno no rebusco de um acabamento ideal, que comunica à frase moderna essa ondulação atmosférica, tão contrária aos duros ângulos da prosa clássica.

A estilística, assim, nos traz à reminiscência a graça que Daudet transmite pelas mãos gentis de *Désirée,* as asas frias dos pássaros que, a uma fantasia feminina, a juventude sugere como idealização da natureza morta. É como se o que vemos e sentimos voasse para longínquos horizontes numa abalada serena de andorinhas, é esse o bando alegre destas rimas que o leitor vai ter o ensejo de apreciar.

    O cachê da obra de arte está menos no assunto escolhido do que no modo de dizer ou de fazer com que um Zola ou um Meissonier trabalhe as suas obras primas. Cezar, na clave deste imperecível tema do amor, é mais brasileiro, embora, sob este ponto de vista tão universal, fosse cantar o que nós temos de mais peculiarmente nosso. O seu estilo nos reproduz as selagens fulgurantes do equador nas horas quentes e capitosas do meio-dia, quando enxames de insetos azuis atravessam, no idílio da paz e da alegria, um múrmuro fio d'água, cuja margem balança num caniço um par de aves douradas que se beijam.

    Mas que milagre esse, o de um verdadeiro poeta, neste canto do país, onde tudo se achata na platitude niveladora da política de campanário, incompatível com a abnegação da arte, cotada por um desprezo tão burguês e tão egoísta que desespera os mais crentes!

    A Paraíba tem um poeta. Graças lhe sejam dadas. E saiba o público, por uma diferenciação judiciosa, animar o cantor das Algas. E, vencidos os primeiros obstáculos, com a perseverança do primeiro êxito, o nome de Eliseu Cezar há de ser uma glória desta terra.

Paraíba, 01 de junho de 1894.

Castro Pinto

Em memória de minha mãe adotiva,
D. Vicencia Ferreira de Albuquerque Cezar.

UM CORAÇÃO

Existe um coração, cofre sagrado
De amor, de afetos bons e de ternuras,
Um cofre como o céu todo estrelado,
Cheio de sóis e de perfumes, cheio
De sonhos e aventuras!

Cofre que é feito pra guardar os prantos
Da flor que morre, do infeliz que chora,
Que tem guardados tantos lumes, tantos
Que, quando aberto em plena sombra, ateia
O incêndio de uma aurora!

Existe um coração que é meu delírio,
Por quem de amores suspirando vivo,
Que afasta-me da senda do martírio...
Tão doce coração, que a seus carinhos
Me traz sempre cativo!

Por ele a vida passa em mar de flores,
Cantando hinos de glória docemente...
Tão santo coração que, aos meus amores,
É como que um regaço e me fará
Feliz eternamente!

Não é, porém, o coração da virgem
Por quem eu vivo a suspirar também:
O coração que traz-me na vertigem,
No êxtase do amor divinizado,
É o teu, celeste mãe!

SÚPLICA

Irmã gêmea da mágoa e da saudade,
Hóstia de luz, enlanguescida lua,
Que vais de um mar de espumas ressurgindo
Tão branca e seminua!

Confidente fiel dos que se amam,
Do amor, oh, protetora cintilante,
Vem dizer-me, na ausência e na tristeza,
Que faz a minha amante.

Quando outrora ditosa, à luz magoada,
Que do nível regaço derramavas
No sôfrego morder dos beijos meus,
Tu, lua, a contemplavas;

Era teu brilho o teto de prata
Cobrindo os nossos trépidos amores,
Ao perfume sutil que então nos vinha
Da laranjeira em flores...

Mas hoje que me vês na soledade,
Neste ambiente onde respiro a morte,
Longe, bem longe dela e com saudade,
Vil joguete da sorte;

Não me deixes ficar nesta incerteza,
Na desventura assim febricitante...
Oh! Conta-me onde está, fiel amiga,
A minha doce amante!

E leva no teu raio o meu suspiro
Ao coração da pálida donzela,
Lhe dizes que a sofrer angustiado
Estou pensando nela!

UMA SAUDADE

NA LOUSA DA INTERESSANTE MARIA EMILIA

Aqui repousa um lírio emurchecido
Aos primeiros albores da alvorada,
Nessa idade feliz em que a existência
É sempre de carícias orvalhada...

Na doce primavera em que, da infância,
A trepadeira verde e caprichosa,
Cheia de flor, enrosca-se da vida
Na árvore nascente e esperançosa.

E quando deste lírio a pura essência
Foi se abrigar no azul da imensidade,
Houve no céu um cântico festivo,
Houve na terra um pranto de saudade!

AS ESPERANÇAS

Eu vi todas fugirem docemente
Se foram pelo azul, todas voando,
Qual de garças um bando alvinitente
O espaço azul, imenso, recortando.

Daqui, do meu retiro, onde agora
Vivo carpindo os dias de ventura,
Eu disse-lhes: adeus, filhas da aurora,
Aves feitas de amor e de ternura...

Como a tribo das aves emigrantes
Que perpassam no azul de ano em ano
Em busca de paragens verdejantes,

Voam enquanto ao ninho abandonado,
Ermo de cantos, tétrico, ensombrado,
Baixa esta ave noturna – o desengano!

A LÁGRIMA

Morria o sol no leito do ocidente
Quando eu parti. Do alto da colina,
A contemplar o imenso do oceano,
Minha amada ficou, triste e divina.

E ao ver-me azul em fora, aberto em pranto,
Afastar-me da pátria que adorava,
Ela, magoada, doce flor mimosa,
As pérolas do pranto derramava.

Depois, quando no exílio a sua imagem
Entre a névoa dos sonhos me surgia,
De seus olhos, dois sois sempre mimosos,
O mesmo pranto doído ainda corria.

Quando eu voltei, brincava pelos campos
Uma alegria delirante e sã,
E na folha azulada do horizonte
Vinha surgindo o arcanjo da manhã.

Conforme o juramento, a bela virgem
Que meus sonhos de amor acalentava,
Na ânsia de enlaçar-me nos seus braços,
Na colina florida me esperava.

Palpitava seu colo sob a chama
Rósea e sutil do amor e da paixão;
Ouvia-se bater louco, apressado,
Doido de amor, seu jovem coração.

Apenas eu a pude ter entre meus braços
Beijar à luz da aurora que sorria,
Senti que de seus olhos tentadores
A lágrima brotava de alegria!

A rolar desde o berço à sepultura
E cintilando em toda a natureza,
A lágrima rebenta da alegria!
A lágrima rebenta da tristeza!

TRÊS ÉPOCAS

A JOSÉ RODRIGUES

Abril

Casaram-se a sorrir. No estreito abraço
Do amor e de amizade se enlaçavam,
Como um casal de rolas que se amam,
Sempre juntinhos com prazer cantavam;
Lhes era a vida uma estação de flores,
Um remanso feliz, um doce abrigo...
Onde gozo maior? Viver sonhando
Na quente alfombra de um regaço amigo!

Maio

Da ventura e do amor a branca lua
Foi no horizonte aos poucos desmaiando,
Pressentia-se ao longe da desdita
A tormentosa noite ir-se fechando!
Já não eram felizes, não gozavam
A mesma vida suspirosa e calma,
Não lhes vertia o mesmo azul de outrora
Orvalhos de ouro no regaço da alma!

Junho

Depois que da ventura a astro amado
Deixou deserto o largo firmamento,
As flores da ventura, carregou-as
O tormentoso perpassar do vento!
No mesmo sítio em que do amor florira
A doce planta perfumosa e agreste,
Ergueu-se agora, tétrico e sombrio,
Um funerário ramo de cipreste!

Como o verme no cálice da rosa,
Junto do gozo dorme a desventura,
E o prazer é mais curto do que a senda
Que avançamos do berço à sepultura.

ROMPENDO A SOMBRA

A AFONSO TEIXEIRA

Bem sei que, para ti, na bruma do ocidente,
Desde há muito do sol a fronte se escondeu,
E que a sombra da dor, como uma noite algente,
Teu jovem coração de pranto escureceu.

Bem sei que, para ti, nos escarcéus ruidosos,
Há muito soçobrou a rórida falua
Dos grandes ideais, marujos gloriosos
Que riam sobre o mar quando rompia a lua.

O riso paternal, transunto sagrado
Da aurora boreal que *purpurece* o azul,
Roubou-te a mão cruel, o hálito gelado
Da morte, a te deixar o coração êxul.

E, para um sulco abrir na via dolorosa
Dessa noite fatal de negras amarguras,
Hasteio da poesia a flâmula radiosa
Sobre o monte eternal das tuas desventuras.

RUÍNAS

Vejo-te agora desabando, em ruínas,
Castelo azul das ilusões de outrora!
Tu, que guardaste as pérolas divinas
Da mocidade que se abria em flor!
Não te perfuma o nenúfar da aurora,
Nem mesmo pelas fendas que te sulcam
Trepa-se a hera cândida do amor!

É tudo assim: no límpido horizonte
Entenebrece a nuvem da alegria,
A lua vai-se, por detrás do monte,
Nas vagas do oceano mergulhar...
E a dor, numa agudeza estranha e fria,
Sobre o solar da juventude morta,
Eternamente fica a lancinar!

Caiu por terra o mármore rosado
Da tua torre gótica e formosa...
E hoje estás deserto e povoado
Dos gênios negros da feral solidão!
Oh! Minha antiga habitação ruidosa,
Como tu foste! E como te mudaram
No túmulo de um morto coração!

Lembro-me bem que, quando a madrugada
Sorria sobre o anil do firmamento,

No verde palmeiral a passarada
Garganteava a orquestração da luz
E que, na glória do auroral momento,
Tu te afogavas na aleluia esplêndida
Do banho de ouro que descia a flux!

Mas hoje o meu olhar, triste e ansioso,
Na cegueira da mágoa que não finda,
Debalde espera o frêmito radioso
Das alvoradas que não voltam mais!
Minha alma apenas, numa queixa infinda,
Ouve, nos teus escombros cismarentos,
Gemer o vento em funeral: jamais!

Oh! Meu castelo, hoje derrocado
Ao vendaval das acres desventuras,
Onde eu guardei a lira sedutora
Da mocidade que se abria em flor,
É tão profunda a noite de minha alma
Que nem mesmo nas fendas que te sulcam
Trepa-se a hera cândida do amor!

FELICITAÇÃO

AO DR. VENANCIO NEIVA, PELO SEU ANIVERSÁRIO

NATALÍCIO

Não sei por que do mar as vagas doudejantes
Têm hoje sobre a fronte espumas cintilantes;

E o vento é como o som das liras sublimadas,
Que encheram de harmonia as épocas passadas.

Não sei por que do céu nas límpidas campinas
Os anjos vão cantando umas canções divinas;

E como que no espaço um gênio altissonante
De Homero está dizendo um verso retumbante.

Mas... Ah! Que eu já me lembro... As aves matinais
Disseram-me, cantando uns cantos divinais,

Que mais um branco lírio abriu à claridade
Do sol sobre o festão de uma ditosa idade.

Por isso é que do mar as vagas doudejantes
Têm hoje sobre a fronte espumas cintilantes;

E o vento é como o som das liras sublimadas,
Que encheram de harmonia as épocas passadas!

A IGREJINHA

Oh! Que igrejinha tão formosa aquela,
Toda de branco no florido outeiro,
Coberta sempre de uma paz singela,
Ingenuamente sacrossanta e bela,
Com áureos sinos e com ar fagueiro!

De longe vista só parece um ninho
Feito do cirros que no céu alveja!
Que poesia no seu ninhozinho!
E quantos lírios pelo seu caminho
Que, outeiro acima, lá se vai, cobreja!

Quando a manhã, do longo céu deserto,
Acorda a mata os maviosos trinos,
Na aldeia, que demora perto,
Paira um sorriso de horizonte aberto,
Da igrejinha ao repicar dos sinos!

O som que vem do campanário antigo
Entra nas almas a sorrir, cantando,
Dos aldeões pelo modesto abrigo,
Tal como um eco benfazejo e amigo,
A missa! A missa! Os aldeões chamando!

Ah! Como voam, derredor da igreja,
Da minha infância as ilusões queridas!

Como esse bando multicor voeja
Por cima dela, que bem-dita seja
Com as torrezinhas para o céu erguidas!

Oh! Que igrejinha tão formosa aquela,
Onde eu rezava em pequenino, quando,
Com minha mãe, ouvia missa nela,
Na primavera sorridente e bela
Da minha infância que se foi murchando!

SILVA JARDIM

Morreste, lutador, quando da glória
Brilhava-te na fronte um raio louro...
Morreste, mas de estrelas um tesouro
Hoje redoira as páginas da história.

Foi-te a existência um campo de batalha,
Onde lutaste em prol da liberdade;
Na loucura febril da heroicidade.
Impávido titã, riste à metralha!

E quando da peleja nos fragores
A fronte alçavas plena de esplendores,
Sagrava-te laureis a multidão.

Após tanto lutar, atleta ousado,
Como um condor que tomba fulminado,
Foste cair na entranha de um vulcão!

GENERAL BARRETO

Quando a fronte ele ergueu, potente e forte,
Tremeu de espanto esse terror – a morte,
    Nos campos da batalha;
Houve um sussurro, um ideal assombro...
Apoiava-se a pátria no seu ombro...
Era seu peito indiferente escombro
Às agressões raivosas da metralha!

Gênio da guerra, soerguida a fronte,
Medindo o olhar a curva do horizonte
    Fumarento e revolto,
Audazmente animava o tiroteio
E, do extermínio ao galopar sem freio,
Ei-lo, o guerreiro, de bravura cheio,
Da glória austera no clarão envolto!

Se acaso alguma vez a escancarada
Goela da morte a doida gargalhada
    Lhe lançava bem perto,
Seu lábio uma ironia destilava,
E a morte então, covarde, recuava,
    Buscando rumo incerto!

Lá quando o negro horror da artilharia
Passava, em noite horrível de agonia

    Entre coros de ais,
De pé ficava ele, o herói ousado,
Das balas inimigas respeitado,
Gênio da guerra enorme e bafejado
Do hálito cruel dos vendavais!

Finalmente venceu... e a mão da glória
O foi levando para o céu da história!
    A pátria agradecida,
Na vitória dos grandes vencedores,
Juncou-lhe a fronte de laureis e flores
      Alegre e comovida.

    ....

Mais tarde ei-lo no exilio, mas, no entanto,
O seu vulto eletriza, enche de espanto
    E cresce ainda mais:
É como o sol que às orlas do poente,
Dos arrebóis no incêndio refulgente,
Ostenta a rubra face surpreendente,
Cravejada de pompas imortais!

ANTE UMA CRUZ

Ante este vulto, que me traz a ideia
Do assombro, do tormento sacrossanto,
Eu sinto-me pequeno – um grão de areia,
Cheio de horror, a tiritar de espanto.

E cismo nesse drama tinto em sangue
De um Deus regenerando a humanidade,
Um Deus a padecer, pálido e exangue,
Mas porejando enchentes de bondade.

Cismo na treva dessas horas mudas,
Em que, fugindo da redentora luz,
Mente, num beijo, o traiçoeiro Judas...

E à noite, abandonando da descrença,
Ante esta cruz alevantada, imensa,
Eu te bem-digo-oh! Pálido Jesus!

SAUDADE

Passava pela estrada poeirenta
Trêmulo velho a tropeçar cansado,
E ao ver uma formosa rapariga
Um sorriso expandiu... contrariado...

— Por que sorris assim, pobre velhinho?
Torturam-te cruentos desenganos?
E o velho, olhando a linda rapariga:
— Ah! Lembro-me da flor dos vinte anos!

BELEZAS GÊMEAS

Pela janela dessa alcova pura
Que abria-se ao jardim, de uma roseira
A verde e curva rama feiticeira
Entrava humildemente e com ternura.

E quando sobre o leito a doce virgem
Do amor, princesa languida dormia,
E a rir o fino lábio entreabria,
Bela, sonhando, em divinal vertigem,

Do galho a doce rosa, ardentemente,
Beijava-lhe do lábio a flor olente,
Num delírio de amor, travessa e louca.

Que lábios puros e que flor mimosa!
Mas eu não sei qual era mais formosa,
Se aquela rosa, se a virgínea boca!

A CEGUINHA

Quando ela vem à minha porta e estende
A branca mão nervosa e pequenita,
Do peito meu na tênebra infinita
Um delicado sentimento esplende.

Não sei se é compaixão, mas, dolorida,
Ante essa dor, que lágrimas inspira,
Como se fosse a corda de uma lira,
Minha alma chora, triste e comovida.

São tais as emoções, tantas as mágoas
De vê-la presa de cruentas fraguas,
De vê-la tatear como entre abrolhos,

Que, se eu pudesse, a noite erma e sombria
Dessa pobre cegueta desfaria,
Ofertando-lhe o brilho dos meus olhos!

MARLI

AO DR. TOMAZ MINDELO

Lágrima azul da matinal estrela,
Descei a sua lousa pequenina
E, então, cheia de mágoas, em surdina,
Gemei, gemei, sobre o sepulcro dela.

Ali vereis um maternal afeto
A responder perfumes e saudade,
Chorando, abrir as asas, com ansiedade,
Sobre um corpo franzino e predileto.

Pássaros todos que exaltais a aurora,
A esse afeto, que suspira e chora,
Levai o vosso hino que conforta...

E vós, suas irmãs, ingênuas flores,
Podeis curtir o amargo fel das dores,
Chorai, chorai, porque Marli é morta!

DOIS AMORES

Quando alta noite a branca lua cheia
Do espaço fulge na amplidão sem fim,
Minha mãe por mim reza e me abençoa,
Enquanto minha amada pensa em mim.

São dois os corações, ambos velando,
E cada qual de amor mais estremece:
Num da paixão se ateia a lava ardente,
No outro geme a doce voz da prece...

Um implora a Jesus que na existência
Me seja só de flores o caminho,
Murmura o outro: quem me dera, agora,
Tê-lo preso à doçura de um carinho!

Então, nesse momento venturoso,
Como que sinto trêmulas, voando
Em torno de meu leito, duas almas,
De amores o meu sono perfumando!

CISMANDO

Se acaso deste amor que me embriaga
A bela estrela se apagasse um dia
E minha amada eu visse morta... morta...
Sem luz no olhar, inanimada e fria...

De loucura febril na densa noite
Me veriam então errar perdido,
Encher de gritos a mudez das sombras
Como nas matas um leão ferido.

Depois, entre os relâmpagos sinistros
Que os doidos sentem fuzilar no crânio,
Asfixiado nessa dor estranha,
Qual se estivesse num subterrâneo,

Morrer, porque me fora insuportável
Essa mágoa tão grande e tão sombria
De ver a minha única esperança
Sem luz no olhar, inanimada e fria!

NO ASFALTITE

Quando o céu da Ásia cobre-se de brumas,
Dizem que a tona quieta do mar morto,
À noite, sobre a esteira das escumas,
Boiam suspiros das almas sem conforto.

E que nas ardentias luminosas,
Ao sopro glacial da ventania,
Borbulham, como pragas clamorosas,
Uns frêmitos de cólera sombria.

É que ali mesmo, em época distante,
Houve o espinhal escuro do pecado,
Sobre que, como serpe chamejante,
Lavrou o atroz incêndio ilimitado.

Mas essa dor que sobe lacrimosa
À tona, em prantos vãos, toda gemidos,
Não é, senão, a essência criminosa
Dos povos pelas chamas destruídos...

É que ela vem, cansada e arquejante,
Da noite pela flácida modorra,
Reproduzir o grito soluçante
Dos arrasados povos de Gomorra!

RECORDAÇÃO

A MANOEL MENELAO

INSPIRADA POR UMA VALSA SUA

Dormia dentro em meu peito,
Num canto do coração
De uns amores que passaram,
A triste recordação.

Minha alma punha cuidado
Em não lhe perturbar o sono,
Como a escrava que não canta
Pra não acordar seu dono.

Um dia, porém, desperta
Esta lembrança saudosa,
Aos acordes comoventes
De uma vaga suspirosa...

E minha alma atribulada,
Vendo a imagem do passado,
Se debruça em suas mágoas
E verte um pranto magoado.

Lhe desfilaram ante a vista,
Nuns ataúdes sombrios,
Os cadáveres dos sonhos
Amortalhados e frios!

Quem despertou no meu seio
Tão funda recordação
Foi o lirismo cantante
De uma tua inspiração;

Dessa valsa que suspira
E então me fez escutar
Um como queixume vago
Das tristezas do luar.

REMINISCÊNCIA

A lua plácida e bela
Vaga no céu cor de anil,
Da noite a aragem sutil
Vem minha fronte beijar;
À sombra de um arvoredo,
Deitado na fresca relva,
Escuto na basta selva
Fundo o rio a soluçar.

Entram-me na alma os aromas
Suaves das puras flores:
Vêm acordar meus amores
No fundo do coração...
E eu vago por um momento
Num mundo cheio de encanto,
Ao luar tépido e santo
De grata recordação!

Vem-me à lembrança esse instante
Em que eu lhe disse: te amo,
Minha alma é florido ramo
Onde tu podes cantar;
Desce, ave peregrina,
Suspende esse voo incerto,
De meu peito no deserto
Vem sorridente pousar...

E ela desceu, enchendo
De rosas o descampado,
Fazendo rir libertado
De mágoas meu coração;
Deixando cair sorrisos
Almos, puros, amorosos,
Nos abismos tormentosos
Da minha negra aflição!

Ao lembrar-me desse idílio,
Muito feliz me sentindo,
Julgo a vida um mar infindo
De primaveras em flor...
E bem-digo satisfeito,
O meu ideal risonho,
Aquela com quem eu sonho,
Estrela do meu amor.

CRISTO

Semeavas o bem, tua doutrina santa,
Como um raio de luz, as almas penetrava,
Oh! Cristo, doce e bom; porém teu sacro verbo
A mina das paixões, dos ódios, inflamava.

Na louca multidão, entre os fiéis que ouviam-te
Olhando a luz do céu na luz do teu olhar,
Seguiam-te também aqueles que sentiam
No negro coração a inveja borbulhar.

E, Mestre, não tardava, assim o havias dito,
Que, à infrene agitação das cóleras mais surdas,
Mostrasse-te ao algoz, a face te beijando,
Teu apóstolo infiel, o traiçoeiro Judas!

E tu, que eras tão bom, que porejavas da alma
A torrente eternal do amor e da bondade,
Preso, réu inocente, havias de, mais tarde,
Sentir espedaçar-te a humana atrocidade.

Havias de sentir, no doloroso transe,
Sim, tu, em quem o povo enxerga um criminoso,
A humana ingratidão cuspir-te sobre as faces
A lama da calúnia e o apodo monstruoso!

Haviam de rasgar-te as carnes, te arrastando
Sobre as pedras, assim como se assusta um cão...
E o quadro dessa dor imensamente grande
Havia de alertar um riso à multidão!

Pouco importa, Jesus, que há pouco, revelando
A fonte do teu ser, houvesse levantado,
Entregando-a à existência, às pompas da saúde,
De Jairo a doce filha, o corpo inanimado.

Pouco importa, Jesus, que o assombro do teu nome
Enchesse de repente as terras da Judéia,
E fosses à montanha augusta, em cujo cimo
Rutilava o vulcão esplêndido da Idea.

Nas sombras, na solidão, lá na caverna escura,
Onde a inveja se acoita e a ignorância mora,
Já tramam contra ti. Mestre, não falta muito
Que as sombras se arremessem todas contra a aurora.

Que houvesses o leproso à hediondez horrível
Piedoso arrancado, pouco importa, Jesus!
Vais abrindo na treva a estrada da virtude?
Para ti vão abrir os braços de uma cruz!

Eis que soa o tropel: a multidão revolta
Acusa-te, Jesus; tu és um criminoso!
Utopista do amor, a Lei jamais consente
Que vagueie pela estrada um grande revoltoso!

Pilatos, o juiz, satisfazendo ao povo
Que vomita do olhar a cólera vivaz,
Manda açoitar-te, Mestre, entrega-te ao tormento,
Bem como à liberdade o infame Barrabás!

E vais para o Calvário, entre os ladrões soltar,
Da agonia na febre, o último gemido.
Depois de pela rua extensa da amargura
Andar, de queda em queda, exangue e já despido.

....

Expiraste, Jesus! A natureza inteira
De luto se cobriu, e a lança da agonia
Fere, bem como um dardo, impiedosamente,
O doce coração da pálida Maria!

Já descem-te da cruz, entregam-te ao sepulcro!
Do povo é satisfeita a indômita paixão!
Curvar-te, humanidade! O Cristo a quem mataste
Já torna ao céu profundo em tácita ascensão!

Deixou-te em recompensa à morte que lhe deste,
Oh! Triste, criminosa e ingrata humanidade!
Quebrados os grilhões que os pulsos te feriam
E a curva de ouro e azul do céu da Liberdade!

A CRUZ DO CAMINHO

A LUDOVICO LINS

As trepadeiras enfeitam
Aquela cruz do caminho,
Como os lampejos da aurora
As brandas palhas de um ninho.

E quando o sol resplandece
E peja o espaço de luz,
As aves cantam sentadas
Nos braços daquela cruz.

Quando o romeiro passando
Lhe fita os braços abertos,
Suspira, qual se perdido
Nas solidões dos desertos.

Quando o vento acaso a beija,
Das tardes ao descambar,
Entoa um triste gemido
Que faz a estrela chorar.

Não sei quem rega-lhe as flores
Com frias bagas de pranto;
Não sei quem guarda-lhe o sítio,
Quem dá-lhe galas e encanto.

Respira-se um doce aroma
Em torno daquela cruz,
Lá quando o sol resplandece
E peja o espaço de luz.

As auras da madrugada
Cheias de afeto e carinho,
Segredam preces sentidas
Àquela cruz do caminho.

Mas ela guarda o sepulcro
Do meu amor que morreu
Como uma flor que aos ardores
Do sol ardente pendeu.

ESTRELA

Lânguida estrela, pérola azulada,
No régio manto do horizonte presa,
Que mágoa é essa que te faz, chorosa,
Raios lançar de mística tristeza?
Brilham no céu tuas irmãs formosas,
Todas soltando ingente claridade!
Só tu sozinha estás, bem longe delas...
    Que funda soledade!

Sofres? Quem sabe se o secreto espinho
Que te tortura, oh, filha do infinito,
Não é quem faz a dor que me devora?
Não é igual ao do meu peito aflito?
Quisera, junto a ti, das acres penas
Que fazem-te chorar, perder o encanto,
Ouvir-te o suspirar fundo e magoado,
    Beber-te o áureo pranto...

Vai a noite bem alta, o céu noturno
Cheio de estrelas cândidas, formosas,
Sobre o negror da terra adormecida
De luz torrentes verte radiosas;
Passa o vento a gemer, na tona quieta
Dos lagos o fulgor de cada estrela
Treme, cintila, refletindo-a toda
    Inteiramente bela.

E o silêncio noturno estende as asas
Pela amplidão do espaço constelada,
Dorme no ar a paz indefinida
De uma fria tristeza inanimada;
Murmura o rio a se embrenhar da selva
Na profundeza tristemente escura,
Brilham do orvalho as lágrimas de prata
    Dos campos na verdura.

E tu, no entanto, solitária estrela,
Te afogas num dilúvio de tristeza,
Quando nos gênios da noite andam vagando,
Quando adormece toda a natureza!
Não sei por que padeces, mas, quem sabe?
Quem sabe se essa dor que te maltrata
Não é, celeste flor, tão funda quanto
    Esta dor que me mata?

Triste no céu, na solidão procuras
Um recanto sem luz, de onde, chorando,
As contas dessas lágrimas de ouro
Vais sobre a terra todas desabando.
Mas, ah! Não tarda que tu fujas, quando
Vier surgindo o arcanjo da manhã...
Sofres! Eu sofro! Por sofrer contigo
    Chamo-te minha irmã!

Choras no céu, eu pela terra choro,
Do ermo busco a solidão profunda;

Teu pranto desce do infinito; estrela,
Em pranto igual o rosto meu se inunda!
Ambos da noite pela densa estrada,
Vagamos ambos sem terror, sem medo!
Estrela! Minha irmã! Abre-me o seio,
    Me conta o teu segredo!

Conta-me, estrela, e eu te direi a causa
Desta dor eternal que me devora,
Da sombra que em meu peito concentrada
Da mocidade arrefeceu-me a aurora...
E dir-te-ei como da vida as flores
Levou-as todas a caudal da sorte,
Como sorri na escuridão das mágoas
    O fantasma da morte!

Não cessas de chorar!.. Correm-te as bagas
Do pranto como gotas de neblina!
Não tarda que, ao pungir das crebras, dores
Cerres, estrela, a pálpebra divina,
E que suba minha alma nos teus raios
Langorosos e cheios de saudade,
E vá contigo, irmã nos sofrimentos,
    Viver na eternidade!

SOÇOBRO

A NEVES FILHO

É noite. Efervescendo, cresce, cresce
O eterno mar, negro e misterioso;
Convulso estronda, ruge e, proceloso,
De instante a instante, sobe, se intumesce.

Longe, bem longe, onde o escarcéu avança
E a noite é dos relâmpagos varada,
Desce o navio a âncora pesada,
Depois soçobra, esfacelada a esperança.

E quando o dia surge ao mar sombrio,
Embaixo dorme o ferro do navio,
Do abismo na fatal profundidade.

Foi meu amor o barco assim perdido...
No fundo de meu peito escurecido
A âncora está da mágoa e da saudade!

PRECE

A FRANCISCO PINTO PESSOA JUNIOR

Os gênios bons, os fados protetores,
Ao vosso olhar, oh! Noivos venturosos,
Abram, cantando, os bosques ruidosos
Da primavera pródiga de flores.

E que lá, onde os acres dissabores
Não pousam como corvos pavorosos,
Um ninho de alvos lírios perfumosos
Façam, para guardar vossos amores.

E que da vida na maré revolta,
Sob a calma do céu, velinha solta,
Guardando as joias de ideal tesouro,

Numa viagem plácida e sem volta,
Siga, na benção das manhãs envolta,
Do vosso afeto a gôndola de ouro!

A PARTIDA

A ABEL DA SILVA

I

Era tão bela a santa criatura,
O sagrado ideal dos meus amores,
Era tão bela que fazia inveja
Do céu à estrela e da campina às flores.

Afastou-a de mim a sorte ímpia,
O rigoroso e tétrico tufão;
Mas eu a vejo no sonhar magoado
Das noites do meu triste coração.

II

Era a hora em que desponta
A mágica luz do dia,
Na praia um barco se via
Os panos soltos ao ar;
As ondas, em desespero,
Como tigres assanhados,
Nos rochedos altanados
Iam medonhas uivar.

Ela, a musa de minha alma,
Sentada sobre um escombro,
Em chuva solta do ombro
A trança da cor da noite,
Mais triste que a flor pendida,
Em prantos de dor banhada,
Recebia da nortada
O brando e gelado açoite.

Não tardava da partida
A hora triste e suprema
Causasse esta dor extrema
Que tanto me faz chorar!
Não tardava esta alma visse
A virgem a quem amava
Se ir como a rola brava
Roubada ao ditoso par.

A negra mão do destino,
Tremendamente cruel,
Torrentes de amargo fel,
Me arrojava ao coração!
E como a vítima humilde
Que se estorce na fogueira,
Minha esperança derradeira
Morria nessa paixão.

Ah! Que é triste e muito triste
A sorte de quem adora
E vê apagada a aurora
Do amor ardente e vivaz:
É sentir da nossa esperança
Sumir-se a dourada imagem,
Qual do deserto a miragem
Esbranquiçada e falaz.

Quando o sol pelo horizonte
Alçou o rubro estandarte
E no céu, de parte a parte,
Um mar abriu-se de luz,
Nos olhos de minha amada
Revelou-se de Maria
Aquela imensa agonia
Ante as dores de Jesus.

Ergueu-se dos marinheiros
A cantilena chorosa,
Que, suave e harmoniosa,
Encheu a clara amplidão.
Mas, oh Deus! Quanta amargura!
Cada nota que soava
Como um punhal mergulhava
No meu triste coração!

Vi seguir a passos lentos
A minha virgem tão bela,
Vi seguir a minha estrela
Para o barco roubador:
Fiquei transido de dores!
Talvez o corpo das águas
Não fosse maior que as mágoas
Do meu peito sofredor!

Deixou-me o arcanjo uma rosa,
Como uma eterna lembrança,
Mas, ligeira, esta esperança
Carregou-a o vendaval:
Foi como a pétala solta
Que os tufões desesperados,
Nos vagalhões agitados,
Sacodem no lodaçal!

Como se até lhe faltasse
A imensa curva dos céus,
Ela me disse um adeus
À face do longo azul,
Adeus tão cheio de prantos,
Melancólico e saudoso,
Como o suspiro penoso
Do meu coração êxul.

E o vento nas brancas velas
Soprou agitado e forte!
Foi-se a vida e a negra morte
Gargalha dentro de mim!
Longas horas de martírio
Do barco fitei a esteira,
Mas a esperança derradeira
Extinguira-se por fim!

Muito ao longe, os tripulantes
Cantavam saudosamente:
Este mar largo e fremente
É por demais traidor!
Infeliz de quem na vida
Deixa ir por ondas afora
A mulher a quem adora
Com ânsias de eterno amor!

III

Há muitos anos, já que do infortúnio o vento
Levou-me para sempre a flor da inspiração;
No entanto a sua imagem, pálida e formosa,
Parece ainda sorrir-me ao triste coração.

No peito ainda conservo as matutas raízes
Dessa árvore de amor que não existe mais,

Assim como a raiz das árvores partidas
Conserva dentro em si os ermos campinais.

É que não pode a dor, o sofrimento austero,
Apagar na minha alma esta fiel lembrança,
Bem como o desengano, o vendaval de fogo,
Arranca da haste e queima a última esperança!

FOLHA ÍNTIMA

À MINHA IRMÃ

I

Da noite a longa penumbra
Envolve o céu recurvado,
O oiro pulverizado
Da Via Láctea ressumbra.

Na paz clemente e bem-dita
Do teu lar, onde Deus mora,
Esplende a piedosa aurora
De uma canção infinita.

Junto a um berço, contemplando
No olhar de um filhinho o bando
Das promessas da manhã,

Imagem do amor materno,
Nos lábios um riso terno,
Eu vejo-te, minha irmã!

II

E quem sonhará mais belo
Este quadro: uma criança,
Misto de luz e esperança,
À sombra do teu cabelo,

Sobre um ninho de cambraia
Dormindo um sono divino,
Como um silfo pequenino
Na espuma que alveja a praia?

Minha irmã, Jesus permita
Que ao céu da glória infinita
O olhar de teu filho voe...

Deste berço ante o regaço,
É esta a prece que eu faço:
Aurelio! Deus te abençoe!

CISMA

Surge a manhã, vem batizando o espaço
Com um sopro de ouro pulverizado;
Um vago aroma, cândido e sagrado,
Lança da mata o múrmuro regaço.

O olhar cristão, suave e generoso,
Dos mansos bois, que alegram-se mugindo,
Paira do céu no longo azul infindo
Como um soluço místico e saudoso.

E eu sonho então com a graça primitiva
Da natureza a se afogar na viva
E gloriosa túnica da luz...

E deste sonho vejo na paisagem
Maria – a cândida e ideal imagem –
Tendo no colo o trêmulo Jesus.

NO CONFESSIONÁRIO

A ALFREDO CRUZ

— De que te acusas, oh, filha?
Que negro e profundo crime
O teu coração oprime,
Pobre flor, tanto te humilha?

De Cristo a piedade brilha
Sobre a fraqueza do vime,
Aos desgraçados redime,
Da escura vida na trilha...

— Meu padre... (banhou-se em pranto)
Dai-lhe um beijo... Ai, quanto, quanto
Pequei! — Minha filha, não...

O beijo – mistério santo –
É do amor supremo encanto...
Aí tens absolvição!

LACRIMAE

O enterro sai. As tristes irmandades
Seguem, levando ao pouso derradeiro
O meu afeto, o meu amor primeiro,
De que só restam úmidas saudades...

Calma e sem ver as frias tempestades
E sem ouvir o gélido pampeiro,
Que de minha alma sobre o nevoeiro
Riem, como sombrias majestades,

A multidão, ao ver-me pesaroso,
Interroga-me o olhar baço e choroso
E a fronte aos dissabores inclinada...

Mas como responder se a pavoroso
Caixão que vai, fantástico e moroso,
Leva ao sepulcro minha mãe finada?

GOTAS DE OURO

NO ANIVERSÁRIO DE NINA

Eu venho trazer-te, anjinho,
Em nome da poesia,
Um lindo festão de rimas,
Todo perfume e harmonia.

Em nome da primavera,
Rosinha, lírio, esperança,
Venho exaltar os encantos
Dos teus risos de criança.

Tu, que tens dentro dos olhos
Todo o brilho da manhã,
Que, como rolinha implume,
Tens o gorjeio – mamã.

Que sabes encher de auroras
A existência do papai
Eterna fonte celeste
De um riso que não se esvai;

Deixarás que, obedecendo
Aos meus líricos desejos,
Estes versinhos transformem
Num áureo enxame de beijos...

De beijos que pousem ledos,
Nina gentil, doce amor,
No teu rosto, como pousam
As borboletas na flor.

Deus faça da tua vida
Um grande e florido campe
Cheio de luz que desprende
Das asas o pirilampo...

E permita que, entre flores,
E entre bonecas dengosas,
Se escoem da tua infância
Os dias da cor das rosas.

Que as estrelinhas serenas
Do amor à doce mercê,
Soletrem juntas contigo,
Cantando e rindo – A B C.

E quando fores mocinha,
Num grande amor infinito,
Deus te dê, formosa Nina,
<<Um noivinho bonito>>.

DESPERTA

Não vergues, meu amor, a fronte cismadora
Ao fogo dessa dor que o seio te devora...
A noite do tormento, a noite onde não brilha
Um sorriso de luz, um ponto flamejante,
    Anda, rindo, trocar
      Pelos festões da aurora.

Cá fora anda a brincar a doce gargalhada
Da luz que banha e doura o largo firmamento...
É música do céu a voz dos passarinhos...
É música de amor a cavatina branda
    Que, pelos arvoredos,
      Anda a gemer o vento!

Anda a abrir a tua alma, o cofre sacrossanto,
Onde o céu entesoura um mundo de beleza;
Anda a abrir essa flor de beijos rociada,
Ao banho de fulgor que o céu da primavera
    Derrama sobre o colo
      Da virgem natureza!

Sim, anda, meu amor... Minha alma apaixonada
Te espera a contemplar o matinal assombro...
E como no horizonte a loira cabeleira
A aurora desfolhou em chuva luminosa,

    De teu cabelo a onda
    Esparge pelo ombro!...

Não desça o pranto teu a esse abismo escuro
Que a tristeza inventou para as almas de quem chora!
O amor é como um céu esplêndido, dourado...
Anda, pois, a afundar essa tristeza imensa
    No dilúvio que vem
    Das expansões da aurora!

UM BEIJO

Negas-me um beijo, uma prova
De eterno amor inocente,
Um beijo, a linguagem pura
Do amor que é bom, que não mente.

Não sei que mal vá fazer-te
Um beijo meu, que te amo,
Que em toda parte te vejo,
Que a toda hora te chamo.

Se a todo instante me dizes
Que és minha só, que sou teu,
Que a tua vida se alenta
Na vida do peito meu:

Por que me negas o beijo
Que suplicante te peço?
Acaso das tuas faces
Um prêmio tal não mereço?

És boa e muito: não creio
Que, sendo tão boa assim,
Me deixes, flor adorada,
Nessa amargurada sem fim...

Quero beijar-te nas faces
Como se beija uma flor;
E escutarás no meu beijo
Toda a voz do meu amor.

Não sei por que tu te assustas
E choras tanto, talvez
Suponhas que a rosa murcha
Beijada à primeira vez!

MENDIGO

Já cansado de errar, de andar vagando
Pelas ruas desertas da amargura,
Foi o triste mendigo a tua porta
Pedir consolação, amor, ternura...

E dentro do teu peito alguém lhe disse,
Cheio de afetos e com voz de irmão;
Vem abrigar-te ao frio de penúria,
Entra em meu seio, pobre coração!

VENDO-TE

Quando vejo-te assim, bela e rosada,
No rosto os tons alegres de uma aurora,
E de um riso que lembra uma alvorada
Sobre teu lábio uma expansão sonora...

Confesso-te: em minha alma cismadora
Canta a canção de uma alegria santa
O anjo da esperança, a tentadora
Visão que aos céus o coração levanta...

Oh! Sim! Que ao ver-te a face carminada
A gente cuida ouvir a madrugada
Cantando uma canção festiva e pura...

E julga olhar aberto o paraíso
Nesse encanto infantil do teu sorriso,
Sorriso todo amor, todo ternura!

VERSOS A ELA

Tu és, oh! cândida rosa,
    Que formosa,
Que formosa me sorris,
O mimo, o sagrado anseio,
O anseio dos colibris.

Nasceste no meu caminho,
    Perto o espinho
Perto o espinho do sofrer!
Rosa pura, eu hei de amar-te,
Hei de amar-te até morrer.

Eu era bem como o nauta,
    Presa incauta,
Incauta, dos vendavais,
Perdido na noite escura,
Escura dos temporais.

Tu foste o farol amigo,
    Que eu bem-digo,
Que eu bem-digo sem cessar...
Estrela – rompeste a noite,
A noite do negro mar!

Viajou – num rumo incerto,
　　No deserto,
No deserto, me perdi;
Sem norte, nas densas sombras,
Nas sombras chamei por ti!

Rompendo de um céu trevoso,
　　Borrascoso,
Borrascoso, o negro véu
Surgiste tal como a aurora,
A aurora redoira o céu.

Então, sublime de encanto,
　　Vendo o pranto,
O pranto que me corria,
Fizeste que ao céu dourasse,
Dourasse o fulgor do dia!

Quando da vida na estrada,
　　Que é cortada,
Cortada de abrolhos só,
Me cega o rude pampeiro,
Pampeiro que me traz pó...

As asas de um lindo anjo,
　　De um arcanjo,
Arcanjo pleno de amor,
Me guardam dos ventos fortes,
Fortes em ira e rigor!

Estrela de minha vida,
    Luz querida,
Luz querida de meu ser,
Te bem-digo! Hei de adorar-te,
De adorar-te até morrer!

UNS VERSOS

Dizeis, senhora, amar a poesia,
Essa cantante e flórea primavera
Que o coração das virgens alevanta
Às regiões brilhantes da quimera.

Amai-a, sim, que a poesia é como
Um perfume sutil, todo frescor...
E a virgem como vós, em haste da vida,
Tem a beleza matinal da flor.

O amor que tendes dentro da sagrada
Concha do vosso peito estremecido
É todo estrelejado de esperanças.
É um amor celeste, indefinido.

É como que a crisálida formosa
De onde, um dia, cândida e dagueira,
Rebentará – jasmínea borboleta –
A capela de flor de laranjeira.

ACRÓSTICO

Bem-digo, meu amor, essa tua alma
Emula pura do luar de prata,
Rica de sonhos que, sublime e calma,
Na minha vida amor e paz desata;
Amo essa lira que em canções saudosas
Rompe da tarde às virações chorosas,
Da noite, a brisa que balouça as flores...
Irmã, tua alma das estrelas cuido,
Nadando sempre num celeste fluido,
Ambula santa de ideais amores!

A PANTERA

Ninguém lhe punha a mão. A fera brava
Rugia como um lobo ensanguentado;
Havia em seu olhar encarniçado
Um raio que de longe metralhava!

Ninguém chegava perto. Horrorizava
Aquele monstro, impávido e assanhado,
Que de raiva no olhar tinha um dourado
Incêndio a vomitar sanguínea lava!

Um dia, contemplavam curiosos
Essa fera brutal, que espedaçava
Da jaula os grossos ferros poderosos...

Chegaste, oh, meiga e bela criatura...
E à prece desse olhar todo doçura,
Tornou-se mansa e calma a fera brava!

MORENINHA

A EUTICHIANO BARRETO

Moreninha, se soubesses
Como eu te amo em segredo,
Este temor, este medo
Que me gela o coração!...
Ah! Morena dos meus sonhos!
O teu olhar tão clemente
Talvez que fosse indulgente
Como a aurora do perdão.

Adoro teu pé formoso,
Tua trança negra e pura,
A delicada cintura,
O brilho do teu olhar;
A noite do teu cabelo,
Que aromas do céu exala,
Adoro-te a meiga fala
E o encanto do teu andar!

Moreninha, se soubesses
Como eu te amo em segredo
E como é grande este medo
De declarar meu amor!
Talvez dissesses: <<sou tua,

Vem beijar a minha boca!>>
Ilusão desta alma louca!
Moreninha! Minha flor!

LOUCURA

Vê bem: aquele Cristo amargurado
Parece reviver quando tu falas;
Repara que seu lábio macerado
Bebe o perfume que do seio exalas

É meu rival o Nazareno morto!
Não quero vê-lo nessa alcova santa!
Eu creio que ele sente almo conforto
Quando tua alma peregrina canta!

Na agonia daquele rosto branco
Estampa-se por vezes a alegria,
Um sentimento apaixonado e franco!

Oh! Cristo, não me invejes a aventura,
Não me queiras roubar a amante pura,
Deixa que eu ame a divinal Maria!

DÉA

Tens o teu corpo lírico e franzino,
Visão de amor, dulcíssima e mimosa,
Meu casto anseio, doce e piedosa
Mulher de encanto místico e divino.

Na tua voz, no teu olhar brilhante,
Na tua face cândida e rosada,
Como que boia a mágica risada
Da primavera florida e cantante.

E tão formosa és, santa e princesa,
Que do poeta a fantasia acesa,
Tonta de amor, peregrinando, incerta,

Sonha tua alma entre a canção dos ninhos,
Poética roseira sem espinhos,
Toda de flores e luar coberta!

AO LUAR

Cai o luar em cheio no teu rosto,
Tens o fino corpete entreaberto,
Estás ébria de amor, tonta de cismas...
    E tudo está deserto...

Anda a volúpia derramando fluidos
Em torno a ti, no côncavo ambiente,
Trescala cada flor como um vago
    Perfume do oriente...

Na tua languidez, mulher formosa,
Ama-te o céu, adoram-te as estrelas;
Vem a brisa trazer-te umas sonatas
    Trêmulas e belas...

E nem pensas sequer que todo em flamas,
Vítima incauta de um cruel desejo,
Espreito-te na sombra da folhagem
    E tudo e... tudo vejo!

SALVE!

A noite cai, o plenilúnio, em prata,
Vem clareando a curva do levante;
E enche o ambiente o hálito odorante
Do seio verde e múrmuro da mata...

A frouxa luz que em ondas se desata
Do longo céu de azul e de diamante,
Meu pensamento, trêmulo e cantando,
Contigo sonha, languida sonata.

Meiga, gentil e amada Fornarina,
Dentro do halos de uma luz divina,
Vejo-te, irmã das musas e das flores...

Meu coração estático se inclina,
Reza aos teus pés, oh, virginal bonina:

Salve, rainha! Mãe dos meus amores!

IDEALISMO

A RAUL DAZEVEDO

Um casalzinho belo e coroado
De cravo branco e flor de trepadeira,
Ao lado tendo rórida palmeira
E no terreiro um flóreo manacá;
Um casalzinho alegre e festejado
Das aves pela música divina,
Erguido, como um ninho abençoado,
Na santa paz de florida colina...
Eis, minha doce e olente malva-rosa,
Minha cecém virgínea e delicada,
A nossa quente habitação formosa,
Quando tu flores minha esposa amada!

Longe do mundo e perto da suave
Campina azul, da célica planura,
Onde as estrelas, como os pirilampos,
Espargem sua luz divina e pura,
A nossa vida correrá tão doce,
Soprada pelas auras bonançosas,
Qual gandola de pétala e marisco
Numa corrente em preamar de rosas!...

Quando a noite cair e a lua cheia
Branca, tão branca como noiva morta,
Encher de brilho ajasminado e frio
O templo do levante esmaecido,
Tu penderás a fronte no meu braço:
Entre os meus beijos e os teus beijos puros
Não haverá indo o menor espaço!...
Então, do nosso amor o novilúnio
Irá crescendo, do silêncio em meio,
Até que fique imenso de alegria,
Como lua de prata alvinitente,
A rir, a rir, na igreja da colina,
Amor tornado hóstia ou plenilúnio!

E que santas visões! Que belos sonhos
Nos pejarão a mente de perfume!
Como a redoma de uma moita verde
Enche de azul o errante vagalume!
Eu descerei do fundo de tua alma

Ao bosque de coral maravilhoso...
E à tona voltarei, tendo as mãos cheias
De estrelas e de pérolas custosas,
Rico, nababo, esplêndido, faustoso...

Que seria de nós, que nos amamos,
Se os gênios bons, se os fados protetores,
Na custódia do campo não guardassem

O sacramento bom destes amores?
Não nos dessem ao dia como a noite
Os ares de um domingo, oh, feiticeira!
Cheio de festa e bimbalhar de sinos,
De muita flor, de luzes e de hinos,
De madrigais e sumo de parreira?

Vivamos, pois, desse ideal tranquilo,
Que nos faz entrever o nosso ninho
Como um berço de pássaros implumes,
Num ramo verde, à beira do caminho...
E bem-digamos, juntos, de joelhos,
Como do sol ante a patena ardente,
Do porvir que de longe nos acena
O grandioso e perenal crescente;
Esqueçamos a mágoa, a dor e o pranto,
Por essa nesga de horizonte aberto,
Por esse belo e tricolor retalho
Da nuvem que nos chora dentro da alma
Um dilúvio de pétalas de amaranto
E um colar de estrelas e de orvalho!

INGENUIDADE

Eu juro pela hóstia consagrada,
Pelas aras divinas dos altares,
Que nunca trocarei por outros olhos
Os olhos teus de cândidos olhares.

Oh! Minha flor do peito meu nascida
Na odorosa e múrmura devesa,
Eu nunca deixarei por outra graça
Tua graça real de camponesa.

Sobre esta folha verde e perfumada
Faço, bem vês, eterno juramento...
Guarda-a no seio, minha flor querida,
Para que não a murche o esquecimento.

E quando alguém disser que não te amo,
Oh! Minha camponesa idolatrada,
Recorda-te da jura que ora faço
Pela divina hóstia consagrada!...

AMOR FIEL

Ergue-se o algoz e diz à minha amada:
— Não quero que o adores... — Impossível!
Murmura ela, esta paixão fervente
É como o mar, indômita, invencível!

Pela base abatendo o meu orgulho,
Esse amor que te enche a mocidade,
Fazê-lo-hei parecer: prisioneira,
Nunca mais sorrirás à liberdade!

Quando acaso eu não vir o sol formoso
E agonizar nas sombras da prisão,
Mas crescerá no fundo de meu seio
A chama inapagável da paixão!

Desse amor que te alegra me afligindo
Findará sob a campa a lava ardente!
A morte, a morte, eis a maré sombria
Que tudo leva na fatal corrente!

A morte? A longa abóbada de trevas
Que na dor asfixia a mocidade?
Pouco me importa: do tormento ao cabo
Eu ainda amarei na eternidade!

NÃO TE ESQUEÇAS

A AUGUSTO PINHO

Ergo o meu voo às regiões distantes,
Além do mar, além da serrania...
Nem mesmo sei se, para ver-te, um dia
Eu tornarei, meu cândido jasmim...
Só te suplico que, na ausência ingrata,
    Não te esqueças de mim!

Longe de ti, eu viverei carpindo,
Da desventura ao rude bandolim,
As lembranças do nosso amor infindo...
E tu, meu bugari, um só momento
    Não te esqueças de mim!

Com letras de ouro, grava no teu seio
Este magoado adeus do teu poeta,
Do teu Romeu, formosa Julieta,
Que sofre tanto e lacrimeja assim...
Meu pensamento, minha primavera,
    Não te esqueças de mim!

Nas minhas horas de silêncio e dores,
Levantarei, meu puro serafim,
Um templo cheio de luar e flores

Aos teus encantos, e te peço apenas
    Não te esqueças de mim!

Lá quando a lua, eterna sonolenta,
Cobrir de luz o cimo dos rochedos,
Mandar-te-ei meus tímidos segredos
Na fresca brisa, doce amor sem fim;
Mas eu suplico, a te oscular a trança,
 Não te esqueças de mim!

NA AUSÊNCIA

Banhado em pranto, trêmulo e ansioso,
Li, meu amor, tua amorável carta;
Eis que meu seio, então, todo se farta
Do teu perfume cândido e saudoso...

Nela eu revi-te a imagem dolorosa,
Longe de mim, a padecer, magoada,
Da luz da lua, entre jasmins coada,
Toda coberta, pálida e chorosa...

E quando o meu olhar doído corria
Sobre o papel, confesso que sentia
Dentro do peito alguém que soluçava:

Era o meu pobre coração enfermo...
Pois tua alma chorava em cada termo,
E em cada letra, flor, eu te beijava!

VIRGEM CASTÍSSIMA

AO DR. AUGUSTO GUARITA

Tens nesse olhar a mística clemência,
A matinal e fresca suavidade
De perfumosa e rórida saudade,
Enlanguescida e cheia de inocência.

Pálida e triste, a desprender a essência
Do amor feito de riso e de piedade,
Quem não te amará, oh, terna claridade,
Etérea e meiga transparência?

Vê como ascende, vê, minha esperança,
Para oscular-te a veludosa trança,
Minha alma, numa célica vertigem...

Celestial e amada confiança,
Ninfa que se deseja e não se alcança,
És uma benção transformada em virgem!

CONFISSÃO

A branca rosa que me deste ontem
    A pus em confissão:
— Minha rosa gentil, conta-me a história
    Daquele coração,
Revela-me os segredos de sua alma
Tal como um lago, transparente e calma!

— Ah! Eu não quero ser como tu queres
    Uma rosa indiscreta,
Desvendar os segredos e os castelos
    Dessa alma predileta,
Que sentimentos bons, que amor resume,
E, como eu, desmancha-se em perfume.

— Branca rosa gentil, tu, que me lembras
    Um mundo de esperança,
Que adormeceste à cetinosa alfombra
    Da sua bela trança,
Conta-me a história lirial, singela,
Dos sonhos cor de rosa da donzela.

Se não queres abrir o cofre santo
    Daquele ebúrneo seio,
Que deve ser, como o profundo espaço,
    Todo de estrelas cheio,

Ao pobre coração que amor inflama
Responde, branca flor: Ela me ama?

— Ama-te, sim, como se adora a vida,
    Ama-te, trovador;
Só aspira viver sempre ao teu lado,
    Em frêmitos de amor...
Quando estiveres ao luar cantando
Ao som da lira adormecer sonhando!...

MULATINHA

Vejo-te a um canto amuada,
Bem como a flor desbotada
Pelo calor do verão...
Minha bela mulatinha,
Que aguda mágoa espezinha
Teu ridente coração?

Acaso a cor do teu rosto
É que produz o desgosto
Que assim te faz padecer?
Ah! Tu nem sabes, florinha,
Que essa cor de mulatinha
Faz a gente enlouquecer!

Ao longe a valsa delira...
Dengosa, a sinhá suspira,
Entre as luzes do salão,
Mostrando os dentes formosos,
Nuns sorrisos mentirosos
Que nunca excitam paixão!

Entretanto, oh! Minha bela,
Não és a brilhante estrela
Do salão encantador!
Mas se abres um sorriso,

Ai, Jesus! – é o paraíso
Dos gozos todos do amor!

Não queiras nunca ser branca,
Pois tens um olhar que arranca
Muito doído coração:
Tens desse olhar nas centelhas
A doçura das abelhas
E as garras do gavião.

Há muita moça bonita
Que a tua graça infinita
Desejara, meu amor:
Esse cabelo anelado!
Teu quadril arredondado!
Dos lábios a rubra cor!

Deveras ser orgulhosa
Como a jandaia garbosa,
Minha flor do manacá;
Porque, como tu, que a gente
Torne escravo de repente,
Por Deus do céu que não há!

Vejo-te a um canto amuada,
Bem como a flor desbotada
Pelo calor do verão...
Tu que, do olhar nas centelhas,

Tens as asas das abelhas
E as garras do gavião!

VINTE ESTROFES

AOS VINTE ANOS DE MINHA NOIVA

Talvez não saibas que minha alma hoje
Dentro do peito eu sinto estar cantando,
Um pássaro a soltar trinados de oiro,
Quando se vai o céu iluminando.

Talvez não saibas que ela hoje veste
A roupagem azul da poesia,
Que acha-te estrelada e flutuando
Num dilúvio de paz e de alegria.

É preciso contar-te que minha alma
Toma da lira e canta os seus amores,
Ao hino festival da natureza
Que toda hoje se reveste em flores.

Há muito que eu vivia da tristeza
Na fria noite cheia de amarguras,
Tão só como se fora um exilado
Na solitária ilha das torturas.

Há muito que no plúmbeo descampado
Do céu não cintilava um arrebol...

E em torno a mim havia essa indecisa
Saudade que enche a tarde ao pôr do sol.

Mas hoje essa tristeza evaporou-se,
A saudade fugiu, e da alvorada
A meiga luz que acorda os passarinhos
Enche minha alma, a torna iluminada.

Esta filha do céu, essência pura,
Que há muito tempo errava tristemente
No deserto infernal dos sofrimentos,
Ei-la agora brilhante e sorridente!

Quando a aurora surgiu, ela, travessa,
Toda alegre e vestida a camponesa
Disse a sorrir que iria nas campinas,
Flores roubar à virgem natureza...

E foi de cesta ao braço, ingenuamente,
Colhendo rosas pelo campo afora,
O pé descalço sobre o chão relvoso
E mais formosa do que a mesma aurora.

A minha alma da tua enamorada
Quando afastava os ramos dos caminhos,
Ia florindo os galhos já sem rosas
E despertando os pássaros nos ninhos!...

A Estrela Dalva, cândida e formosa,
Demorou-se no céu a ver quem era
Que andava pelos campos espalhando
O jubilo feliz da primavera.

De volta, ela me trouxe muitas rosas
Repletas todas de perfumes lhanos,
Dizendo lhe causar tanta alegria
Ao teres completado vinte anos;

Que cada flor nas pétalas mimosas
Encerrava um segredo, uma esperança,
E que todas iriam docemente
Viver na maciez da tua trança;

Que nesses teus olhares tentadores,
Onde fulgura o sol da poesia,
Como a graça em teu riso, se abrigava
O mistério do amor e da harmonia;

Que tu eras a fonte, a santa origem
Do meu vago e florido pensamento;
Que quando a lira de ouro eu dedilhava,
Te achavas junto a mim nesse momento.

Contou-me que ao luar, quando te perdes
Em cismas, nuns transportes de ventura,
O teu lábio a sorrir inconsciente
Pronuncia o meu nome com ternura;

E que este se perde e que se afunda
Do longo céu nas amplas regiões,
Envolvo no perfume enlanguescido
Das tuas sacrossantas orações;

Que, quando não me vês, cheia de pranto,
Por mim perguntas a estrelinha pura
Que manda num sorriso prateado
Consolação a tua desventura.

Ao saber que tu fazes vinte anos,
Minha noiva gentil, santa adorada,
Eu bem-digo este dia em que ressaltam
Estrelas do regaço da alvorada.

E, das rosas que esta alma andou colhendo,
Ridente e pura na campina em flor,
Faço um buquê para oferecer-te em nome
Do meu ardente e verdadeiro amor.

OS MEUS POEMAS

I

A tua fronte inspirada,
Com leve cor de romã,
Tem a graça iluminada
Do sorriso da manhã!

Larga, ampla, cismadora,
Orgulhosa, em tua fronte
Gorjeia a luz criadora
Da aleluia do horizonte!

Nas cismas em que minha alma
Cai num gélido desmaio,
Tua fronte é como a palma
Das rubras manhãs de maio.

Que ventura, se roçasse,
Mais leve que uma andorinha,
Num meigo adejo fugace,
Tua fronte sobre a minha!

Meu coração (ai! Quem dera!),
Tonto de luz e de amores,
Ao beijo da primavera,
Se cobriria de flores!

II

E teus olhos... (ai! Morena!)
Celestes, almos, tão puros...
De uma alegria serena...
São dois brilhantes escuros!

Inspiram a meiga chama,
O afeto santo e divino,
Em que, chorando, se inflama
O poeta florentino!

O pranto que, acaso, um dia,
Rebentasse de teus olhos,
Num campo em flor mudaria
Da vida os acres escolhos.

Teu olhar, quando caindo
No cume de estéril rocha,
Num doce improviso infindo,
O lírio e a flor desabrocha.

São olhos bons, olhos santos,
De alma florida e sã;
Olhos que rezam uns cantos
De piedade cristã!

III

E as faces que estão pedindo
Duos beijos de amor e gosto
Pra guardar no cofre lindo
Das covinhas do teu rosto?!

São faces, visão bem-dita,
Esbelta virgem formosa,
Da mesma graça infinita,
Da mesma pétala de rosa!

Sobre essas conchas vermelhas,
Em revoada de beijos,
Adejam, louras abelhas,
Meus amorosos desejos...

Se o meu afeto, voando
Como um sutil passarinho,
Nas tuas faces, cantando,
Fazer pudesse o seu ninho;

Teorias eternamente,
Do teu rosto no arrebol,
O lirismo sorridente
De um matinal rouxinol!

IV

A tua boca pequena
Que verte a essência dos lírios –
Eis a origem, morena,
Dos meus ardentes delírios!

Minha alma vive chorosa,
De afetos perdida e louca
Porque não pôde, amorosa,
Beijar-te rosa da boca...

Por não poder, adormida
No coral desses teus lábios,
Do mel de edênica vida,
Sentir os doces espinhos.

Boca, que guardas uns dentes
Formosíssimos, pequenos,
De marfim, alvinitentes,
Catilas, castos, serenos,

Fizeram-te os gênios ledos
Das madrugadas de abril,
Para cantar os segredos
Da estrela e da ave sutil!

V

Um hino, rosa, ao teu seio
Não posso cantar agora:
Partiu-se a lira ao meio,
No poema ao rir da aurora.

E mesmo a leda harmonia
Dum canto de passarinho
Pudera acordar um dia
Os pombos desse teu ninho.

É mister que eles dormindo
Ambos juntos, inocentes,
Não ouçam o canto infindo
Dos meus amores ardentes.

Eu tenho certa alegria
Em ver esses passarinhos
Respirando a luz do dia
Pelos vermelhos biquinhos!

E basta que lhes deem sombra,
Toda aromada de flor,
Frescuras de verde alfombra,
Os ramos do meu amor!

VERSOS POSTAIS

Teu rostinho é como a *carta*
De envelope cor de rosa,
Onde o carinho de um beijo
Eu pouso, mulher formosa.

É teu colo, onde palpitam
Dois pombos de alva cor,
A mala do meu afeto,
Lacrada com teu amor.

O recinto de tua alma
De muitas estrelas cheio,
Tem mais esperanças, flor,
Que segredos o *correio*.

Tu és as posta-restante
Onde a mão de Jesus
Deixou minha alma guardada
Pelos teus olhos azuis.

Teu lábio é pura etiqueta
Tão rubra como o carmim,
Ocultando doces favos
De beijos feitos pra mim.

Enfim, tu és meu cuidado,
O coração do meu seio,
Etiqueta, lacre, carta,
Porque pertenço ao correio.

TEUS BEIJOS

Morena, teus castos beijos,
Dessa boquinha de flor
Inventam cousas senhoras,
Segredam frases de amor...
São doces de tal doçura,
São ternos de tal ternura,
Têm tanto viço e frescor,
Que eu penso que são pingados
Lá dos mundos estrelados
No cálix de alguma flor.

Senti-los por sobre as faces,
À sombra das tuas tranças,
Éter o rosto orvalhado
De liriais esperanças...
É ver que o céu se desata,
Que se desfolha em cascata
De gemas, de oiro e luz...
Ah! Beija-me assim, formosa!
Teu beijo do mel da rosa
Me embriaga e me seduz.

Quando rompe a madrugada
E adejam por sobre as flores
Os colibris doudejantes,

Num meigo idílio de amores,
Me lembro desses teus beijos
Cheios de amor e desejos,
Castos, puros, juvenis,
Que de teus lábios na rosa
Semelham, virgem formosa,
Áureas abelhas gentis.

Pelos desertos da vida
Chorava eu, triste e sozinho,
Feria-me o peito exausto
Dos sofrimentos o espinho...
Mas, quando teu beijo santo
Bebeu a gota do pranto
Que de meus olhos descia,
Senti que as dores passavam,
Ouvi que as aves cantavam
E vi que o céu me sorria!

NO ERMO

A HENRIQUE DE SÁ LEITÃO

Quando a noite cair e do horizonte
O plenilúnio desanuviado
For estendendo o manto prateado
À cumeada frigida do monte,

Certo ouvirás, mulher dos meus amores,
Como de um Inca a dolorida *quena*,
Alguém gemer tristíssima e serena
Canção feita de mágoa e dissabores...

E vai, então, chorosa e arrependida,
Flórea manhã que me douraste a vida,
No ermo ouvir o comovido canto...

Pomba sem par, viúva de alegrias,
Verás minha alma – as esperanças frias –
Cantando as mágoas debulhada em pranto!

Esta obra foi produzida em Arno Pro Light 13 e impressa na gráfica Trio Gráfica Digital no Rio de Janeiro em março de 2024.